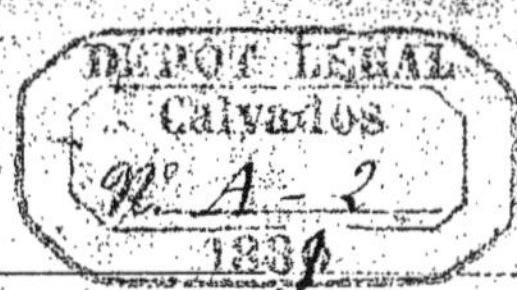

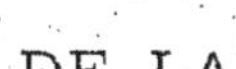

DE LA

SOCIÉTÉ EN COMMANDITE

PAR

Maxime AUVRAY

DOCTEUR EN DROIT

CAEN.

IMPRIMERIE DE F. LE BLANC-HARDEL, LIBRAIRE

RUE FROIDE, 2 ET 4

—

1880

SOCIÉTÉ EN COMMANDITE

DE LA

SOCIÉTÉ EN COMMANDITE

PAR

Maxime AUVRAY

DOCTEUR EN DROIT

CAEN

IMPRIMERIE DE F. LE BLANC-HARDEL, LIBRAIRE

RUE FROIDE, 2 ET 4

—

1880

DE

LA SOCIÉTÉ EN COMMANDITE

CHAPITRE I.

§ 1.

NOTIONS GÉNÉRALES.

L'article 18 du Code de commerce dit que le contrat de société se règle par le droit civil, par les lois particulières au commerce et par les conventions des parties ; il est donc utile de rappeler ici quels sont les principes du droit civil sur la matière qui nous occupe.

D'après la définition de l'article 1832 du Code civil, le contrat de société est un contrat par lequel deux ou plusieurs personnes conviennent de mettre quelque chose en commun dans la vue de partager le bénéfice qui pourra en résulter. Il faut donc, pour la formation de ce contrat, que les conditions suivantes soient réunies : 1° intention des parties de se mettre en société; 2° un apport de chacune des parties, qui peut d'ailleurs consister en argent, en industrie, en clientèle, en crédit commercial ou en toute autre valeur appréciable en argent ; 3° un intérêt commun, c'est-à-dire l'éventualité d'un bénéfice auquel chacune des parties doit *prendre part en commun*, et non d'une *manière alternative ;* 4° le but de faire un bénéfice provenant de l'exploitation du fonds social (1). Ainsi, un contrat d'assurance mutuelle n'est pas un contrat de société, parce que le but des parties est seulement de se garantir d'une perte, et non pas de réaliser un bénéfice.

Il est évident, en outre, que l'objet de la société ne doit être contraire ni aux lois, ni aux bonnes mœurs ; serait donc nulle et de nul effet la société ayant pour but de faire l'usure, la contrebande.....

—————

(1) Les tontines ne sont pas des sociétés, car les parties n'ont à attendre de bénéfices que d'éventualités sur lesquelles la volonté humaine n'a aucune influence.

La société ne doit pas être confondue avec l'indivision qui s'établit le plus souvent sans la volonté des parties ; d'ailleurs, l'indivision, résultât-elle de la volonté des parties, différerait encore de la société, puisque celle-là laisse les choses à l'état passif, tandis que celle-ci se sert des choses communes pour leur faire produire un bénéfice et le partager entre les parties.

Les avis sont partagés sur la question de savoir si la société civile est une personne juridique ; et cependant, la Cour de Cassation, dans un arrêt du 21 juillet 1854, semble bien admettre la négative, en disant que la société civile ne peut procéder devant les tribunaux que par ses membres agissant en leur nom personnel. Quant à la société commerciale, nous croyons qu'il faut admettre qu'elle est une personne morale : les grands intérêts qu'elle représente, le nombre souvent considérable des membres qui la composent, l'ignorance dans laquelle le plus souvent se trouvent ces membres de la situation de la société, l'intérêt des tiers font que l'on ne saurait lui refuser d'être une personne morale ; enfin, l'article 529 du Code civil ne permet pas de doute à cet égard ; car il dit que l'associé, dans une société commerciale, n'a qu'un droit purement *mobilier*, tant que dure la société, quoiqu'elle comprenne des immeubles. Or, si les immeubles appartenaient pour partie à l'associé, son droit serait immobilier ; s'il n'a qu'un droit mobilier, c'est que les immeubles appartiennent à l'être moral, à la société.

De cette différence entre la société civile et la société commerciale, il résulte que :

1° Dans la société commerciale, les biens composant le fonds social sont le gage exclusif des créanciers de la société ; au contraire dans la société civile, les créanciers sociaux subissent le concours des créanciers personnels de chaque associé ;

2° Dans la société commerciale, la compensation ne peut avoir lieu entre ce qu'un tiers peut devoir à la société, et ce qui peut être dû à ce tiers par un des associés ;

3° Dans la société commerciale, les associés n'ont sur le fonds social aucun droit de propriété, ni de copropriété ; tandis qu'ils ont ce droit dans la société civile.

4° La société commerciale est, en cas de procès avec des tiers, directement en cause avec eux ; au contraire, nous avons vu plus haut que la Cour de Cassation refuse à la société civile de procéder autrement que par ses membres agissant en leur nom personnel.

Il est donc fort important de savoir reconnaître une société civile d'une société commerciale :

cette distinction est facile à faire en s'attachant au but de la société, en considérant la nature de ses opérations ; les articles 632, 633 du Code de commerce énumèrent les actes commerciaux, et toutes les fois que l'on sera en présence d'une société faisant des actes commerciaux, il faudra dire qu'elle est commerciale : en conséquence, peu importe le nom ou la forme que la société aura reçue, peu importe la volonté, même expresse, des associés de former une société civile ou commerciale. Seule, la nature des opérations de la société déterminera si elle est commerciale ou civile.

L'article 1325 du Code civil dispose que les actes sous seing privé, relatifs à des conventions synallagmatiques, ne sont valables que s'ils ont été faits en autant d'originaux qu'il y a d'intérêts distincts, et l'article 1834 du même Code n'exige la rédaction par écrit que lorsque l'objet de la société est d'une valeur qui excède cent cinquante francs. En matière commerciale, la loi, pour certaines sociétés (celles en commandite par actions et celles anonymes), n'exige que deux originaux de l'acte de société ; mais toujours elle veut un acte par écrit, même lorsque l'objet de la société est inférieur à cent cinquante francs, et cela non-seulement pour la preuve, mais encore pour la validité du contrat (art. 39 et 40, C.

comm.). Il existe encore d'autres différences entre les sociétés civile et commerciale : ainsi pour la société commerciale, certaines formalités de publicité sont requises, tandis que rien de semblable n'existe pour la société civile ; la société commerciale est soumise à des règles spéciales quant à la juridiction, quant à la prescription, etc.

Les rapports des associés entre eux sont soumis à cette règle que la société est un contrat de bonne foi, dans lequel chacune des parties doit veiller aux intérêts des autres, comme aux siens propres.

« Chaque associé, dit l'article 1845, Code civil, est débiteur envers la société de tout ce qu'il a promis d'y apporter. » Si l'apport consiste dans la propriété ou l'usufruit d'un corps certain, la société devient propriétaire ou usufruitière au moment même du contrat (art. 1138, C. civ.) et les risques sont à sa charge (art. 1302, C. civ.). Si l'un des associés a promis d'apporter une quantité ou un genre, il n'est libéré que par la tradition, et la perte de la chose qu'il se proposait de livrer, survenue avant la tradition, laisse subsister son engagement (art. 1302, C. civ.) ; s'il a promis d'apporter une créance, la société n'est saisie à l'égard des tiers qu'après l'accomplissement des formalités prescrites par l'article

1690, Code civil. Quant à l'apport de la jouissance d'une chose, il se réalise successivement, de telle sorte que la perte de cette chose, arrivant à une époque quelconque, entraîne la dissolution de la société. Du reste, alors même que l'associé n'a promis que l'usufruit d'une chose, il peut se faire que la société en devienne propriétaire et qu'elle ait les risques a sa charge ; c'est ce qui arrive : 1° si les choses, objet de l'usufruit, se consomment ; 2° si elles se détériorent quand on les garde ; 3° si elles ont été destinées à être vendues ; 4° si elles ont été mises dans la société sur une estimation portée par un inventaire (art. 1851, C. civ.).

Enfin, l'apport peut consister dans une obligation de faire, ou dans l'industrie personnelle de l'un des associés : au premier cas, l'inexécution de l'obligation entraîne des dommages-intérêts (art. 1142, C. civ.) ; au cas d'apport d'industrie, l'associé devra fournir intégralement sa mise, c'est-à-dire qu'il devra apporter à la société tous les gains qu'il fera par l'espèce d'industrie qui est l'objet de cette société (art. 1847, C. civ.).

Il arrive souvent, surtout dans les sociétés par actions, que l'apport ne se complète pas immédiatement ; alors l'associé s'engage à compléter son apport, soit à des époques déterminées d'avance, soit au moment où l'assemblée générale le jugera nécessaire. Dans ce cas, l'associé doit payer sa mise au jour fixé ; sinon, et par dérogation au droit commun, il doit de plein droit à la société les intérêts des sommes qu'il n'a pas versées ; les intérêts courent également de plein droit lorsqu'un associé a pris dans la caisse sociale une somme pour son profit particulier (art. 1846, C. civ.) ; et, dans ces deux cas, il peut même être condamné à des dommages et intérêts. Il n'y a là rien que de très-juste, car le but de la société est de faire des bénéfices, et l'associé qui entrave les opérations par son retard doit indemniser les autres de la perte qu'il leur fait éprouver.

Les associés devant, comme nous l'avons dit, mettre les intérêts de la société sur la même ligne que leurs intérêts particuliers, si l'un d'eux est personnellement créancier d'un débiteur de la société, et que les deux créances soient exigibles, il doit imputer ce qu'il reçoit du débiteur sur les deux créances proportionnellement à leur chiffre (art. 1848, C. civ.) ; mais, bien entendu, le débiteur conserve le droit de faire lui-même une autre imputation qu'il juge plus avantageuse pour lui.

Bien plus, lorsque l'un des associés a reçu sa part entière d'une créance commune, si le débiteur devient insolvable, cet associé doit rapporter à la masse ce qu'il a reçu, encore qu'il ait donné quittance pour sa part spécialement (art. 1849, C. civ.). Cette disposition n'est pas applicable à la société commerciale, car celle-ci étant une personne, ses créances n'appartiennent pas à chacune des parties pour une certaine fraction, et dès lors, ce que l'un des associés reçoit ne peut être reçu par lui qu'au nom de la société.

L'article 1850 est, au contraire, commun à toutes les sociétés : « L'associé est tenu envers la société des dommages qu'il lui a causés par sa faute, sans pouvoir compenser avec ces dommages les profits que son industrie lui aurait procurés. » Rien n'est plus naturel : l'associé qui procure un bénéfice à la société ne fait que remplir son devoir, et ne peut s'en prévaloir pour échapper aux conséquences de ses fautes. Toutefois, l'associé non administrateur peut avoir une action de gestion d'affaires contre la société, et une compensation devient alors possible entre ce qui lui est dû et ce qu'il doit lui-même.

L'associé administrateur a action contre la société a raison des sommes qu'il a déboursées pour elle, des risques inséparables de sa gestion, et des obligations qu'il a contractées de bonne foi pour les affaires sociales (art. 1852, C. civ.). Quant à l'associé non administrateur, il faut lui appliquer les règles de la gestion d'affaires (art. 1375, C. civ.).

Nous ne nous arrêterons pas longtemps sur les articles 1853 et 1854, Code civil, qui s'occupent de la répartition des bénéfices et des pertes entre les associés. Ces textes seront rarement applicables en matière commerciale, l'usage étant de fixer les droits de chacun dans les statuts. Et, à cet égard, la liberté des parties est très-grande ; la loi leur défend seulement d'attribuer tous les bénéfices à l'une d'elles, ou d'affranchir l'apport de l'un des associés de toute contribution aux pertes (art. 1855, C. civ.).

Lorsque le contrat confie à l'une des parties ou à un tiers le soin de faire la répartition, le règlement n'est attaquable que s'il est évidemment contraire à l'équité ; et comme cette formule un peu vague pouvait donner lieu à de nombreuses contestations, le législateur a voulu que le droit de contester le règlement de l'arbitre fût prescrit par trois mois ; de plus, celui qui a commencé à exécuter ce règlement est par là même non recevable à l'attaquer.

Si la convention est muette au sujet du partage des bénéfices et des pertes, ce partage se fait proportionnellement aux mises. Aucune difficulté ne peut se présenter si les mises consistent en argent, ou si elles ont été estimées dans le con-

trat ; dans le cas contraire, il faut recourir à une
expertise. Toutefois, la loi estime elle-même l'apport d'industrie, et lui donne une valeur égale
à celle de la mise la moins importante (art. 1853,
C. civ.). Si cette estimation est inférieure à la
réalité, c'est à l'associé industriel d'avoir soin
de faire insérer au contrat une clause spéciale.

Les associés désignent presque toujours l'un
ou plusieurs d'entre eux pour administrer les
affaires communes ; si cette désignation a lieu
dans l'acte même de société, elle est irrévocable ;
l'administrateur nommé ne peut être privé de
ses pouvoirs sans cause légitime, et il a le droit
de faire, sans fraude, nonobstant l'opposition
des associés, tous les actes que comporte son
administration ; il en est autrement de l'administrateur désigné postérieurement à l'acte constitutif de la société ; celui-ci est révocable *ad
nutum*, et ne peut rien faire au mépris de l'opposition de la majorité des associés, il n'est alors
qu'un simple mandataire (art. 1856, C. civ.).
Ces principes s'appliquent aussi à la société en
commandite, car nous croyons que le gérant
non statutaire d'une société en commandite peut
être révoqué *ad nutum* par l'assemblée générale
des actionnaires. D'autre part, le gérant statutaire
ne peut être révoqué que pour une cause légitime, à moins que les statuts n'aient prévu et

autorisé sa révocation par la majorité des associés (Cassation, 9 mai 1859).

S'il n'y a pas de stipulations spéciales , les associés sont réputés s'être donné mandat d'administrer l'un pour l'autre ; ce que chacun fait est valable à l'égard de tous, sauf le droit qu'ont les autres associés de s'opposer à une opération avant qu'elle soit conclue (art. 1859, 1°). Chacun peut se servir des choses sociales, et les employer à l'usage auquel elles sont destinées, sans nuire à l'intérêt de la société , ni gêner le droit des autres. Chacun peut même obliger ses coassociés à contribuer avec lui aux dépenses nécessaires pour conserver les choses communes ; et, d'autre part, nul ne peut faire d'innovations , sans le consentement de ses associés , sur les immeubles qui dépendent de la société (art. 1859). En principe, les associés administrateurs peuvent faire, chacun isolément et sans consulter les autres , tous les actes qui se rattachent à l'administration; mais on peut convenir valablement que l'un des administrateurs ne pourra agir sans le concours des autres, et l'on peut aussi attribuer des fonctions spéciales à chacun des administrateurs (art. 1857-1858 , C. civ.). Toutes ces clauses sont licites et doivent être observées. Au surplus, les articles relatifs à l'administration des sociétés civiles n'ont guère d'application en matière commerciale ; nous verrons pour la société en commandite que les règles à suivre sont bien différentes, puisque les commanditaires ne peuvent, en aucun cas, prendre part à l'administration.

L'article 1861, Code civil, qui ne permet pas d'introduire un tiers dans la société sans le consentement de toutes les parties, ne peut évidemment être étendu aux sociétés anonymes, ni aux sociétés en commandite par actions.

Dans les sociétés civiles, les associés ne sont pas tenus solidairement des dettes sociales, et l'une des parties ne peut obliger les autres, si ce pouvoir ne lui a pas été expressément conféré (art. 1862, C. civ.). La règle est tout autre dans les sociétés de commerce : dans la commandite, notamment, la solidarité existe entre les associés en nom, et le gérant a le pouvoir de les obliger solidairement envers les tiers. L'article 1863, qui décide que les associés sont tenus, chacun pour une part égale, envers les tiers avec qui ils ont contracté, n'est pas non plus applicable à la commandite.

Les dispositions du Code civil, relatives au commencement et à la durée de la société (articles 1843 et 1844), et celles relatives à la dissolution de la société (art. 1865 et suivants), subissent, comme nous le verrons, d'importantes dérogations en matière commerciale, et principalement en ce qui touche la commandite par actions.

Le Code de commerce indique d'abord trois espèces de sociétés commerciales : la société *en nom collectif*, la société en commandite, la société *anonyme*.

Depuis la loi de 1867 sur les sociétés, il faut en reconnaître une quatrième, dite *société à capital variable* ; quant à la société *en participation*, dont parle l'article 47, Code de commerce, elle ne doit pas être rangée au nombre des sociétés proprement dites, car elle a seulement pour objet quelques opérations déterminées, qui souvent sont faites par un seul des participants, lequel ne doit à l'autre qu'un compte qui détermine la part de chacun dans les profits et dans les pertes.

Quoique notre but soit d'étudier spécialement la société en commandite, il nous faut d'abord indiquer ce qu'on entend par société en nom collectif, société anonyme ; car nous aurons souvent, à propos de la société en commandite, à parler des deux autres.

1° La *société en nom collectif* est celle que contractent deux ou plusieurs personnes pour faire le commerce sous une raison sociale; c'est la société qui présente aux tiers la plus grande garantie, car sa base est la responsabilité absolue, indéfinie et solidaire de tous les associés : les noms des associés peuvent seuls faire partie de la raison sociale. Mais cette responsabilité si grande fait hésiter bien des personnes à entrer dans une telle société ; et, de plus, les associés en nom collectif étant commerçants, beaucoup de personnes ne veulent ou ne peuvent prendre cette qualité. Il en résulte que la société en nom collectif n'est point propre aux grandes entreprises qui ont besoin d'un capital considérable.

2° *La société anonyme* est celle dans laquelle *tous* les associés sont inconnus du public et n'engagent que leur mise. On l'appelle anonyme parce que tous les associés restent inconnus et qu'elle n'a pas de raison sociale ; elle n'est désignée que par l'objet de son entreprise. Elle est administrée par des mandataires *à temps*, *révocables, associés* ou *non associés*, salariés ou gratuits.

Le capital d'une société anonyme se divise en actions et même en coupons d'actions d'une valeur égale. Enfin, avant la loi de 1867 sur les sociétés, une société anonyme ne pouvait exister qu'avec l'autorisation du Gouvernement ; aujourd'hui, elle peut se former sans cette autorisation.

§ 2.

DE LA SOCIÉTÉ EN COMMANDITE.

La société en commandite tire son origine du contrat de *commande*, lequel était fort usité au moyen âge; car le prêt à intérêt étant prohibé, la *commande* était le seul moyen de tirer un profit légitime de leurs capitaux, pour ceux qui ne pouvaient se livrer eux-mêmes au commerce. On confiait à un marchand ou à un marin qui se chargeait d'en tirer profit dans ses excursions, un fonds en argent ou en marchandises, moyennant une part dans les bénéfices; le propriétaire du fonds en argent ou en marchandises ne figurait pas vis-à-vis des tiers, il ne s'engageait pas envers eux, et dès lors il n'était pas tenu au-delà de la valeur des objets par lui fournis.

Aujourd'hui, la société en commandite est celle qui se forme entre un ou plusieurs associés responsables et solidaires, et un ou plusieurs bailleurs de fonds tenus jusqu'à concurrence de leur mise seulement (art. 23 et 26 C. comm.).

Les associés responsables et solidaires sont appelés associés *commandités*, les bailleurs de fonds sont nommés *commanditaires.*

Comme on le voit, cette société repose à la

fois sur un élément réel et sur un élément personnel ; la responsabilité personnelle se trouve unie à la responsabilité limitée et purement matérielle. De là résulte une différence notable dans les droits des deux classes d'associés, comme nous le verrons par la suite.

Nous avons, à la fin du chapitre précédent, indiqué les inconvénients que présente la société en nom collectif. La société en commandite a cet avantage d'être accessible à tous, aussi bien à ceux qui peuvent et qui veulent être commerçants, qu'à ceux qui ne veulent ou ne peuvent se livrer au commerce et qui, cependant, engagent volontiers une partie de leurs capitaux dans une opération commerciale, afin d'accroître leur fortune ; de même des commerçants qui ont des fonds disponibles, et qui consentent à les confier à une société qu'ils ne peuvent diriger eux-mêmes, peuvent entrer dans une société en commandite. Cet avantage de se prêter à l'agglomération des capitaux existe surtout dans les sociétés dont le capital est divisé en actions : car la possibilité de se retirer à chaque instant en cédant leurs droits, et souvent aussi l'espérance d'une prime à réaliser sur les actions, sont un attrait de plus pour ceux qui cherchent à placer leurs capitaux.

Mais si tel est l'avantage des sociétés par actions, nous devons aussi signaler les dangers qu'elles présentent, dangers qui, avant la loi de 1867, ne se rencontraient que dans la commandite par actions, et qui, depuis cette loi, se sont étendus aux sociétés anonymes : nous voulons parler des abus, des scandales, des désordres que la commandite par actions avait soulevés sur son passage : alors que l'autorisation du Gouvernement était nécessaire pour former une société anonyme, tous ces agioteurs véreux, ces spéculateurs avides et sans foi qui ne voient dans les sociétés qu'un jeu sur les actions, qu'une prime à réaliser au moyen des manœuvres les plus mensongères, n'osaient même pas demander l'autorisation exigée pour la société anonyme, tant l'objet et le caractère de l'opération faisaient prévoir un refus, et se soumettaient de préférence à la responsabilité de la commandite, responsabilité à laquelle ils comptaient bien d'ailleurs se soustraire.

Disons, en terminant ce paragraphe, que si la société en commandite n'est plus aussi usitée qu'autrefois, elle peut cependant rendre d'utiles services : en effet la responsabilité absolue d'un ou de plusieurs associés est une garantie très-précieuse pour les tiers et même pour les commanditaires : lorsqu'une telle responsabilité sera acceptée par des hommes solvables et honorables, ce sera presque toujours la preuve que la société qu'ils veulent fonder a un but sérieux et des chances réelles de prospérité.

§ 3.

DISTINCTION ENTRE LES DEUX ESPÈCES DE COMMANDITE.

Il y a deux espèces de sociétés en commandite : 1° La société en commandite simple, ou par intérêt ; 2° la société en commandite par actions.

Cette dernière étant aujourd'hui réglementée d'une façon beaucoup plus étroite que la commandite simple, il est indispensable de déterminer clairement le caractère de l'action, et les points par lesquels elle se distingue de l'intérêt.

Remarquons d'abord que, dans un sens large, le mot intérêt désigne la part de chaque associé, le droit qu'il a de recevoir une partie des bénéfices de la société, de sorte qu'à ce point de vue, l'action elle-même est un intérêt. Mais lorsqu'on veut distinguer l'action de l'intérêt, il faut donner à chacune de ces deux expressions un sens précis et particulier. En quoi donc consiste la différence ?

Pour nous, et c'est l'opinion générale, ce qui distingue l'intérêt de l'action, c'est la *cessibilité ;*

l'action est cessible, l'intérêt ne l'est pas. En d'autres termes, dans la commandite par actions, la personne des actionnaires n'est pas prise en considération ; rien de ce qui leur arrive n'affecte la société, et, par suite, ils peuvent se substituer des tiers ; dans la commandite par intérêt, le contrat se forme en vue des personnes ; un changement survenu dans l'état civil, ou dans la position d'un commanditaire peut dissoudre la société, et les associés ne peuvent mettre un tiers à leur place.

D'ailleurs, la vraie société en commandite, c'est la commandite simple ou par intérêt, c'est elle qui s'est pratiquée jusqu'à notre Code de commerce ; la commandite par actions, au contraire, est une création artificielle, une création de la loi : la division du capital de la société en actions n'a et ne peut avoir qu'un but : le trafic des actions, leur négociation.

L'action étant cessible de sa nature, nous avons à nous demander dans quelle forme la cession pourra en être faite. Tout en étant cessible, l'action n'est pas toujours négociable : ce qui constitue la négociabilité, c'est la facilité avec laquelle les actions commerciales peuvent être cédées, facilité qui en fait presque une monnaie. Nous verrons plus tard que les actions des sociétés en commandite ne sont négociables qu'après le versement du quart ; jusqu'au versement de ce quart, les actions peuvent être cédées, mais seulement selon les formes du droit commun (art. 1690, C. civ.). Et, à ce sujet, disons qu'il est inexact de prétendre que le caractère distinctif de l'action est la négociabilité, non la cessibilité ; car la loi de 1867 appelle bien *actions* ces titres non négociables, mais seulement cessibles d'après les modes du droit civil. On doit donc, d'après ce qui précède, considérer comme une société par actions celle dont les statuts ne permettraient la cession des droits des associés que d'après les règles du Code civil. Cette société doit être soumise à la réglementation de la loi de 1867.

Les modes spéciaux de la cession commerciale sont au nombre de trois ; les actions sont au porteur, nominatives ou à ordre.

1° L'action au porteur se transmet par la tradition du titre (art. 35, C. comm.) ; c'est donc celle qui présente le plus de facilité à être cédée ; elle se transmet rapidement et sans frais et a l'avantage de ne pas faire connaître celui qui la possède. Mais elle présente cet inconvénient de rendre presque nulle la responsabilité de son propriétaire, lorsque le capital n'est pas entièrement versé ; car, quoique responsable *en droit*, le propriétaire d'actions au porteur échappe facilement *en fait* à sa responsabilité. Nous verrons plus tard comment la loi de 1867 a remédié en partie à cet inconvénient.

2° L'action nominative, dont la propriété s'établit par une inscription sur les registres de la société, offre plus de sécurité aux capitalistes : si elle est perdue ou volée, il est facile d'en obtenir un duplicata, tandis que celui qui perd une action au porteur se trouve exposé à toutes les conséquences de la maxime : « En fait de meubles, possession vaut titre. » Ajoutons que l'action nominative est soumise à un droit de transmission, qui remplace l'impôt dont la loi du 23 juin 1858 a frappé les actions au porteur : ce droit équivaut à l'impôt subi pendant cinq ans par une action au porteur.

En somme, la forme au porteur convient surtout aux spéculateurs qui cherchent à réaliser un bénéfice sur le prix d'émission ou d'achat de leurs titres ; l'action nominative est préférable pour ceux qui veulent faire un placement de longue durée. L'une et l'autre ont, du reste, sur l'intérêt, l'avantage considérable de permettre au propriétaire d'actions de réaliser une prime en les vendant, lorsque la société est prospère ; celui qui a un intérêt incessible ne peut, au contraire, profiter d'une hausse momentanée et ne gagne, en définitive, que si la société reste prospère jusqu'à sa dissolution.

La cession des titres nominatifs s'opère par une déclaration de transfert, inscrite sur les registres et signée de celui qui fait le transport ou d'un fondé de pouvoir (art. 36, C. comm.).

3° L'action peut être à ordre, c'est-à-dire qu'elle pourra être cédée de la même manière qu'une lettre de change, par un endossement. En pratique, les actions à ordre sont très-rares.

CHAPITRE II.

RÈGLES COMMUNES A LA COMMANDITE SIMPLE
ET A LA COMMANDITE PAR ACTIONS.

Nous avons maintenant à étudier les règles
spéciales de la commandite simple et celles de
la commandite par actions. Le Code de commerce n'a établi aucune règle particulière pour
le cas où les sociétés en commandite diviseraient
leur capital en actions (art. 38, C. comm.) ;
ce n'est que par la suite que des règles spéciales ont été faites pour la commandite par
actions, et encore ces règles ne régissent pas
tout ce qui touche à ces sociétés, elles ne font
qu'apporter des modifications aux principes du
Code de commerce. La société en commandite
reste donc soumise aux dispositions du Code de
commerce, au moins en partie.

Nous allons, en commentant le Code de commerce, voir quelles règles sont communes à la
commandite simple et à la commandite par actions.
Cette étude nous permettra de voir tout ce qui

a rapport à la commandite simple, car, pour elle, aucune loi postérieure n'est venue modifier le Code de commerce. Quant à la commandite par actions, elle sera l'objet d'un chapitre à part, où nous indiquerons les diverses phases par lesquelles elle a passé, et où nous étudierons spécialement les règles qui la régissent actuellement, c'est-à-dire la loi de 1867 sur la commandite par actions.

Comme nous l'avons déjà dit, pour toute société commerciale il faut d'abord la rédaction d'un acte et puis l'accomplissement de certaines formalités de publicité ; de plus, pour la commandite, il faut la réunion des deux éléments indiqués plus haut, c'est-à-dire un élément réel et un élément personnel, et une raison sociale. Quant à la publicité, elle sera l'objet d'un dernier chapitre, car la loi de 1867, article 65, abrogeant les articles 42 et 46 du Code de commerce, établit un système uniforme de publication pour les actes de société, et après avoir traité de la loi de 1867, sur la commandite par actions, nous étudierons les textes de cette loi relatifs à la publicité.

Il nous reste donc à nous occuper des commanditaires et des commandités, de la raison sociale et de la rédaction de l'acte.

Nous traiterons ensuite de l'administration et de la dissolution.

§ 1.

DES COMMANDITAIRES ET DES COMMANDITÉS.

Une société en commandite peut se composer de deux personnes seulement, un associé responsable et un commanditaire ; elle peut aussi se composer d'un grand nombre de membres, surtout si son capital est divisé en actions ; mais quel que soit le nombre des associés, il faut qu'ils se distinguent en deux classes (art. 23, C. comm.). L'article 24 ajoute même : « Lorsqu'il y a plusieurs associés solidaires et en nom, soit que tous gèrent ensemble, soit qu'un ou plusieurs gèrent pour tous, la société est à la fois société en nom collectif à leur égard, et société en commandite à l'égard des simples bailleurs de fonds. »

Les commanditaires, que la loi appelle des bailleurs de fonds, ne sont jamais tenus au-delà de leur mise ; c'est un avantage qu'ils ont de plein droit de par la loi ; mais, il ne faut pas l'oublier, les bailleurs de fonds sont des associés et non pas des prêteurs, leur apport est le gage des créanciers sociaux ; si la société fait de mauvaises affaires, ils ne peuvent concourir avec ces créanciers pour obtenir la restitution d'une partie de leur mise. Bien plus, si le gérant fondateur d'une société en commandite déclarée en faillite a été condamné comme ayant trompé les actionnaires, ceux-ci ne peuvent demander la nullité de la société ni réclamer la restitution des sommes qu'ils ont versées; ces sommes, comme aussi celles qu'ils se sont engagés à fournir, sont le gage des créanciers sociaux, qui n'ont aucune imprudence à se reprocher (Cour de Paris, 30 juillet 1859).

Quant au droit qu'ont les tiers contre les commanditaires, il faut distinguer si les commanditaires ont ou n'ont pas versé complètement leur mise; s'ils ont versé leur mise, aucune action n'est ouverte contre eux, sauf le cas d'immixtion que nous examinerons bientôt; si, au contraire, ils doivent encore une partie de leur mise, les tiers, les créanciers sociaux peuvent en exiger le versement. Bien entendu, cette action ne leur est accordée qu'en cas de faillite ou de liquidation de la société; car, tant que celle-ci est debout, ils peuvent s'adresser au gérant, et c'est au gérant qu'il appartient de contraindre les commanditaires à exécuter leurs engagements. On a soutenu que ces tiers et ces créanciers n'ont d'autre action que celle de l'article 1166, Code civil, qu'ils devaient agir du chef du gérant, et que par conséquent ils étaient soumis à toutes les exceptions que le commanditaire pourrait opposer au gérant lui-même. Malgré les arguments tirés de l'article 43, Code commerce, qui dispense de faire connaître au public les noms des commanditaires, malgré un arrêt de la Cour de Douai, du 11 juillet 1846, nous croyons devoir nous ranger de l'avis contraire, c'est-à-dire accorder aux créanciers d'une société en commandite, tombée en faillite, une action directe ; en effet, le gérant est le mandataire des commanditaires ; les mandants sont obligés *directement* par les actes de leurs mandataires ; de plus, les commanditaires étant des *associés*, ils sont, en vertu de cette qualité même, tenus des dettes de la société jusqu'à concurrence de leur mise par une *obligation directe*. En vain, objecte-t-on que leurs noms ne sont pas désignés dans l'extrait qui est publié ; mais on fait cependant connaître le montant des valeurs fournies ou à fournir par les commanditaires, et les tiers qui traitent avec la société suivent non-seulement la foi des associés responsables et solidaires, mais encore celle de ces capitaux engagés à titre de commandite ; il faut qu'ils puissent les atteindre le cas échéant.

Ainsi l'obligation des commanditaires consiste dans le versement de leur mise ; ils ne sont jamais tenus au-delà, mais, dans la limite de leur apport, ils sont obligés directement envers les tiers en cas de faillite.

On s'est demandé encore si l'engagement contracté par le commanditaire constitue une obligation commerciale. Aujourd'hui, la suppression de la contrainte par corps ne laisse plus guère d'intérêt à la question qu'au point de vue de la juridiction. Nous croyons que c'est aux tribunaux commerciaux qu'il appartient de connaître des demandes en paiement d'actions souscrites dans une société en commandite par un non commerçant; en effet, le commanditaire est un *associé*, la loi le dit elle-même, son engagement a le caractère commercial, puisque sa mise concourt à la création de la société elle-même; il participe donc à sa nature commerciale.

Quant aux associés en nom, il ne peut s'élever aucun doute sur la nature de leur obligation : ils sont indéfiniment, personnellement, commercialement responsables des engagements pris au nom de la société, alors même qu'ils n'ont pas l'administration (art. 24, C. com.); s'il y en a plusieurs, ils sont solidaires.

Ce caractère strict de l'obligation des associés commandités a fait douter qu'ils pussent céder leurs actions; mais cette cession est évidemment possible, lorsque les statuts ne la prohibent pas, car elle ne change pas la position des associés en nom ; ils n'en restent pas moins chargés de l'administration, et responsables *in infinitum ;* tant que dure la société, ils ne peuvent enlever ni aux tiers, ni aux associés, qui ont eu confiance en eux, la garantie sur laquelle ils ont pu légitimement compter.

Lorsque les associés en nom se trouvent créanciers de la société, soit par suite de dépenses qu'ils ont faites dans son intérêt, soit par suite de prêts qu'ils lui ont consentis, ils peuvent concourir avec les autres créanciers sociaux; mais ceux-ci pourront les poursuivre, et saisir même le dividende qui leur aura été attribué; seulement, pour ce dividende, ils devront subir le concours des créanciers personnels des associés en nom.

§ 2.

DE LA RAISON SOCIALE.

La seconde condition que la loi exige pour la constitution des commandites, c'est la raison sociale. Toute société en commandite doit avoir une raison sociale ; c'est une conséquence de la nécessité de l'élément personnel, qui doit se manifester par un signe extérieur et visible. Ce signe apparent, ce symbole de la responsabilité personnelle est la raison sociale : elle se compose du nom d'un, ou des noms de plusieurs des associés responsables *in infinitum* (art. 23, C. comm.); elle peut ne pas comprendre les noms de tous ces associés, dont une partie peut être comprise dans la désignation et Cie ; mais le nom d'un simple commanditaire ne saurait y figurer, sans exposer ce commanditaire à la même responsabilité que les associés en nom. La loi ne le dit pas expressément, mais cela résulte de l'usage et des principes généraux , et c'est d'ailleurs un point sur lequel tous les auteurs anciens et modernes s'accordent. On admet aussi généralement que, quand il n'y a qu'un commanditaire et un commandité, la désignation et Cie ne fait pas rentrer implicitement le nom du commanditaire dans la raison sociale, et n'a pas pour conséquence l'obligation indéfinie de ce commanditaire : il faut bien que la société ait un nom distinct de celui de l'associé responsable.

§ 3.

DE L'ACTE DE SOCIÉTÉ.

La dernière condition qui doive nous occuper en ce moment est une condition de forme. Considérant la complication des rapports des associés entre eux, le législateur a voulu que la société en commandite fût constatée par un acte. Nous verrons plus tard que la loi de 1867 exige quelques formalités de plus lorsque le capital est divisé en actions. D'autre part, cette même loi, tranchant une ancienne controverse, décide que si l'acte est sousseing privé, il suffit qu'il en soit fait deux originaux. Mais, comme elle ordonne certaines précautions pour la conservation de ces originaux, nous pensons que cette disposition n'est applicable qu'à la commandite par actions. Pour la commandite simple, il faut autant d'originaux qu'il y a d'associés. C'est aux tribunaux qu'il appartient d'interpréter les clauses de l'acte de société; c'est eux qui ont à décider, d'après l'ensemble de ces clauses, si tel associé est responsable indéfiniment ou simplement commanditaire. Remarquons, d'ailleurs, que la qualité de commanditaire entraîne de graves dérogations au droit commun et que, par conséquent, celui qui l'invoque doit prouver que sa prétention est bien fondée. Les décisions des tribunaux et des cours sur cette matière sont sujettes à cassation; les cours sont souveraines en ce qui touche la constatation des faits de la cause, mais elles sont soumises à la censure de la Cour suprême quant aux conséquences qu'elles en tirent, et leur pouvoir ne peut aller jusqu'à refuser aux conventions des parties les effets que la loi leur attribue.

§ 4.

DE L'ADMINISTRATION.

La règle fondamentale, en cette matière, se résume dans ces deux points: l'administration de la société appartient aux associés en nom ; les commanditaires ne peuvent y prendre part sans s'exposer à perdre le bénéfice de leur qualité. Le législateur a très-sagement voulu que l'action fût là où se trouve la responsabilité personnelle ; il a voulu protéger les tiers, pour lesquels la publicité ne serait pas une garantie suffisante, et qui croient toujours pouvoir compter sur la responsabilifé de celui avec qui ils traitent. D'un autre côté, il a entendu rendre ses prescriptions efficaces, en ne permettant pas aux commanditaires, dont la responsabilité est restreinte, de gérer, même en vertu d'une procuration donnée par le gérant responsable (art. 27, C. comm.) ; s'il en était autrement, on verrait souvent des hommes sans consistance et sans solvabilité accepter le titre d'associés responsables, tandis que des commanditaires solvables s'empareraient de l'administration, et se lanceraient dans des entreprises aventureuses sans courir de grands risques. L'article 27 édicte donc une disposition fort sage ; la responsabilité indéfinie des gérants les empêchera de tenter des opérations hasardeuses qui compromettraient le crédit et la prospérité de la société.

Voyons maintenant quelles sont la nature et l'étendue des droits des gérants, quel rôle la loi réserve aux commanditaires.

Les associés responsables sont tous gérants, à défaut de disposition spéciale des statuts, ou de convention contraire survenue après la constitution de la société ; s'il n'y a qu'un seul associé responsable, il est même nécessairement investi de l'administration. Lorsqu'il y en a plusieurs, il arrive souvent qu'un seul ou quelques-uns d'entre eux sont désignés pour administrer la société, soit par les statuts, soit par un acte postérieur. Rappelons ici ce que nous avons déjà dit : le gérant statutaire est irrévocable, ou du moins ne peut être révoqué que par une décision judiciaire, et *pour cause légitime ;* le gérant non statutaire est révocable *à volonté.*

Dans le cas où un gérant statutaire est révoqué judiciairement pour cause légitime, certains auteurs pensent que la société est par là même dissoute ; d'autres admettent qu'elle subsistera, mais à la condition que tous les associés, sans exception, seront d'accord sur le choix d'un nouveau gérant (Troplong, nº 677). Cette dernière opinion nous paraît inattaquable : dès que tous les associés, y compris le gérant révoqué, sont d'accord, il n'y a aucune raison sérieuse de déclarer la société dissoute (Paris, 28 février 1850; Req., 9 mai 1860).

Quelle sera alors la position respective du gérant révoqué et de son successeur? L'ancien gérant demeure responsable *in infinitum* des actes postérieurs à sa retraite, à moins toutefois qu'il ne cesse de faire partie de la société et que les tiers ne soient avertis par les publications légales qu'il n'est plus associé en nom (Cass., 12 janvier 1852). Quant au nouveau gérant, il serait certainement responsable des actes antérieurs à son entrée en fonctions, s'il était pris parmi les associés en nom collectif. Il encourrait encore la même responsabilité s'il était pris en dehors de la société et s'il n'avait pas eu soin de faire inventaire; mais si un inventaire exact et complet a été dressé par ses soins, nous ne croyons pas qu'il doive être déclaré responsable des engagements contractés par son prédécesseur.

Occupons-nous maintenant des pouvoirs du gérant en fonctions. Ces pouvoirs sont très-larges, et comprennent tout ce qui rentre dans l'admi-

nistration de la société, mais ils ne vont pas au-
delà. En conséquence, le gérant ne peut ni déga-
ger l'un des commanditaires de l'association, ni
prendre sur lui de rembourser au souscripteur
d'actions une partie des versements qu'il a faits
dans la caisse sociale. A plus forte raison ne
peut-il pas modifier les statuts ; ce droit ne peut
appartenir qu'à l'assemblée générale, et seulement en vertu d'une convention expresse. Le
gérant ne peut pas non plus aliéner ou hypothéquer les immeubles de la société, à moins que
la destination de ces immeubles ne soit d'être
vendus ; mais les statuts peuvent autoriser cette
aliénation ou cette constitution d'hypothèque,
et, à défaut des statuts, l'assemblée générale
aurait le même pouvoir.

Du reste, il ne faut pas s'y tromper, le gérant
a des pouvoirs plus étendus que ceux d'un mandataire ordinaire. Sauf les restrictions que nous
avons établies, son pouvoir est absolu ; il s'étend
à toutes les opérations qui intéressent la société.
Les statuts sociaux peuvent d'ailleurs étendre ou
restreindre les pouvoirs du gérant, et c'est ce
qui a lieu presque toujours. Les règles que nous
avons posées ne sont applicables que dans le cas
où les statuts ne s'occupent pas de l'administration. Alors, comme nous l'avons vu, il y a des
actes du gérant, qui n'engagent pas la société ;

ajoutons que l'actif social ne répond point des
dettes du gérant, antérieures à la formation de la
société, ni des actes qu'il a faits en son nom
personnel ou en dehors de la limite de ses pouvoirs, à moins, bien entendu, que de tels actes
n'aient tourné au profit de la société.

Telles sont les fonctions du gérant, et ses droits ;
si plusieurs associés sont chargés de la gestion,
ils doivent en outre contrôler mutuellement leurs
opérations, sous peine d'être, vis-à-vis des commanditaires, responsables des détournements
commis par l'un d'eux.

Si donc les gérants ont des droits très-étendus,
ils sont aussi soumis à des obligations rigou-
reuses ; ils peuvent même subir des condamnations sévères, et, aujourd'hui, la jurisprudence
s'accorde à leur appliquer l'article 408 du Code
pénal, et à les déclarer coupables de véritables
abus de confiance.

Les commanditaires, dont la responsabilité est
purement matérielle, sont à cause de cela exclus
de la gestion. Ils ne peuvent vendre, acheter,
contracter un emprunt, constituer une hypothèque
au nom de la société. Nous savons que le motif
de cette prohibition est la nécessité de protéger
les tiers d'une manière efficace. Au premier abord,
il semble que, pour arriver à ce but, il suffirait
de défendre aux commanditaires de gérer *en leur*

nom les affaires de la société. Cependant l'article 27 du Code de commerce va plus loin : il leur défend avec raison de faire aucun acte de gestion, *même en vertu de procuration.* Sans cette prohibition, la précaution de la loi serait sans effet ; on verrait des hommes insolvables accepter la gérance d'une société, tandis qu'un prétendu commanditaire, affranchi de toute responsabilité personnelle, ferait en réalité tous les actes importants relatifs à l'administration, et cela en vertu d'une procuration facilement obtenue.

Mais, quelque rigoureux que soit ce principe, il ne faut pas l'étendre trop loin. Ce qui est interdit au commanditaire, c'est la gestion ; mais il peut, dans une certaine mesure, se mêler de l'administration *intérieure* de la société, pourvu qu'il s'abstienne de tout acte de gestion extérieure et qu'il évite avec soin tout ce qui pourrait le faire passer aux yeux des tiers pour un gérant responsable. Les avis et conseils, les actes de contrôle et de surveillance ne sont point des actes de gestion et n'engagent pas le commanditaire au-delà de sa mise (art. 28, C. comm.). De même, la loi de 1863 a supprimé de l'article 27 quelques mots desquels résultait, pour le commanditaire, la défense d'être employé pour les affaires de la société : cette interprétation dépassait assurément le but des rédacteurs du Code ; elle n'est plus possible aujourd'hui. Le commanditaire peut, sans aucun doute, surveiller le gérant et avoir un emploi dans les bureaux de la société.

D'ailleurs, l'article 27 n'a pas toute la portée qu'on pourrait lui attribuer au premier abord. La jurisprudence l'interprète d'une façon très-large, et c'est ainsi qu'il a été jugé que :

1° La clause d'un acte de société en commandite, qui exige l'avis d'un conseil d'administration pour que le gérant puisse faire certains actes, est parfaitement licite, et l'approbation des membres de ce conseil ne constitue pas un acte d'immixtion prohibé par l'article 27 (Rej., Ch. des Req., 29 juin 1858).

2° Les commanditaires peuvent exiger que le gérant leur rende compte de son administration (Rej., Ch. des Req., 5 janv. 1859).

3° Les statuts peuvent valablement interdire au gérant de faire des emprunts excédant une certaine somme sans l'autorisation préalable de l'assemblée générale; et, dans cette hypothèse, l'assemblée peut déléguer quelques-uns de ses membres pour se renseigner sur l'utilité de cet emprunt, sans que cette mission fasse perdre à ceux qui l'acceptent leur qualité de commanditaires (Cass., Ch. civ., 24 mai 1859).

4° L'associé qui verse dans la caisse sociale des

sommes excédant son apport ne devient pas,
par là même, responsable *in infinitum* (Riom,
14 janvier 1862).

5° L'assemblée générale, en suspendant le gérant
de ses fonctions, peut charger l'un des associés
de l'administration provisoire sans que ses membres encourent la responsabilité de l'article 28
(Rej., Ch. des Req., 30 avril 1862).

6° Le fait par l'un des commanditaires de se
charger d'étendre les relations de la société (s'il
est notaire, par exemple) n'est pas un acte d'immixtion (Rej., Ch. des Req., 9 février 1864).

Bien plus, l'article 27 peut être éludé facilement dans ce cas : il défend de faire aucun
acte de gestion, même par procuration : cette
disposition s'applique facilement à la commandite
simple et à la commandite par actions nominatives ; mais elle est sans effet dans les sociétés
dont le capital est divisé en actions au porteur,
car alors les commanditaires ne sont pas connus
et peuvent ainsi recevoir impunément la procuration du gérant. Toutefois, une telle fraude
pourrait être découverte si celui qui s'en rend
coupable déposait ses actions au siége de la
société pour avoir le droit de faire partie d'une
assemblée générale ; on appliquerait alors l'article 28.

Cet article 28 contient la sanction de la défense

faite au commanditaire par l'article 27. Autrefois la sanction était fort rigoureuse : le commanditaire qui avait violé l'article 27 était obligé solidairement avec les associés en nom collectif pour toutes les dettes et tous les engagements de la société, même antérieurs à son immixtion. La loi du 3 mai 1863 a fait droit aux justes récriminations qui s'étaient produites. Aujourd'hui, en cas de contravention à l'article 27, l'associé commanditaire est obligé, solidairement avec les associés en nom collectif, pour les dettes et engagements *qui dérivent des actes de gestion qu'il a faits*. Cette responsabilité est de rigueur, les juges ne peuvent pas l'écarter ; ils peuvent seulement, et c'est là l'innovation de la loi de 1863, la restreindre aux actes auxquels le commanditaire a pris part. Quant aux autres actes, le juge a plein pouvoir pour décider si le commanditaire qui a géré en sera responsable, et si cette responsabilité s'étendra à tous ou à quelques-uns seulement de ces actes, auxquels il est resté étranger. En un mot, suivant les cas, le commanditaire pourra être déclaré responsable solidairement des actes qu'il a faits seulement, ou de tous les actes antérieurs à sa gestion, comme aussi de tous ceux qui auront été faits depuis sa gestion sans son concours. Cela s'explique : un acte fait en contravention de l'article 27 peut compromettre l'actif social et le gage des créanciers les plus anciens, et dès lors il est juste que ceux-ci aient une action contre l'auteur d'un tel acte.

Il est bien entendu que nous ne voulons parler que du cas où le commanditaire a agi avec l'assentiment des gérants ; dans le cas contraire, la société n'est pas obligée (sauf l'application des principes de la gestion d'affaires), et par conséquent les associés ne peuvent subir aucune perte par suite de l'acte indûment accompli. Quand le commanditaire a géré en vertu d'une procuration du gérant, il est obligé solidairement vis-à-vis des tiers ; mais il a un recours contre les associés en nom pour se faire rembourser ce qu'il a payé, et les autres associés ne peuvent exiger de lui la restitution de leurs mises ; l'article 28, en effet, n'a en vue que l'intérêt des tiers, et il est étranger aux rapports des associés entre eux.

§ 5.

DE LA DISSOLUTION.

C'est dans les articles 1865 et suivants du Code civil que se trouvent énumérées les causes de dissolution des sociétés. Nous allons examiner ces diverses causes, et déterminer celles qui s'appliquent à la commandite ; puis nous dirons comment s'opère la liquidation de la société dissoute, et comment se partage l'actif social.

Quand la société a été contractée pour un temps déterminé, elle se dissout par l'expiration de ce temps (art. 1865, C. civ.), sauf le droit qu'ont les parties de la proroger d'un commun accord ; l'acte de prorogation doit alors être revêtu des mêmes formes que le contrat de société (art. 1866). Si l'acte primitif est authentique, l'acte de prorogation peut être sous seing privé ou réciproquement. L'article 1866 veut seulement qu'on emploie pour la prorogation l'une des formes qu'on peut employer pour la constitution d'une société. Nous verrons plus tard que l'acte de prorogation doit, en outre, être publié.

Aux termes de l'article 1871, la dissolution peut être prononcée en justice, même avant le terme fixé, pour des causes « dont la légitimité et la gravité sont laissées à l'arbitrage des juges. » Cette disposition est certainement applicable à la commandite ; il a été jugé, notamment, que la faute du gérant, jointe au désordre des affaires de la société, pouvait motiver une demande en dissolution (Paris, 5 août 1858).

En second lieu, la société finit « par l'extinction de la chose ou la consommation de la négociation » (art. 1865).

La dissolution d'une commandite résulterait certainement de la perte du fonds social ou de la réalisation des opérations en vue desquelles elle s'était formée.

Mais serait-elle également la conséquence de la perte de l'apport de l'un des associés ? Il faut, à cet égard, faire des distinctions : si l'apport consiste en des choses indéterminées, la cause de dissolution qui nous occupe ne peut pas être appliquée ; elle ne peut pas l'être non plus si l'apport consiste dans la propriété ou l'usufruit d'un corps certain appartenant à l'associé qui l'a promis, car les droits réels se transmettent aujourd'hui par le seul effet des conventions (art. 1138, C. civ.) ; c'est seulement lorsqu'un associé a promis la jouissance d'un corps certain ou la propriété d'une chose qui ne lui appartient pas encore, que la perte de la chose peut entraîner la dissolution de la société (art. 1867, C. civ.).

La mort naturelle d'un des associés, même d'un commanditaire, dissout en principe la société ; mais nous savons que l'*intuitus personæ* n'existe pas dans les commandites par actions, du moins en ce qui touche les associés qui peuvent se retirer à leur gré : aussi la mort d'un de ces associés laisserait-elle subsister la société.

Dans tous les cas, la mort d'un associé responsable serait une cause de dissolution, à défaut de clause spéciale. En pratique, on convient souvent que la société continuera d'exister entre les survivants seuls, ou entre les survivants et l'héritier de l'associé décédé ; cette convention est licite, ainsi que celle qui donne à l'assemblée générale le droit de remplacer le gérant qui meurt au cours des opérations sociales ; on conçoit que, s'il en était autrement, l'existence des sociétés serait très-précaire, et que les capitaux s'engageraient à regret dans une société qui pourrait cesser d'exister au moment où elle serait en pleine voie de prospérité.

L'interdiction, la déconfiture, et, à plus forte raison, la faillite d'un associé en nom dissolvent la société. On ne peut, au contraire, attribuer cet effet à l'interdiction ou à la déconfiture d'un simple commanditaire, lorsque sa mise a été versée dans la caisse sociale.

Enfin la dernière cause de dissolution mentionnée par l'article 1865 est la volonté d'un ou de plusieurs associés de faire cesser l'association. Aux termes de l'article 1869, elle ne s'applique qu'aux sociétés dont la durée est illimitée. Nous croyons que cette faculté de renoncer peut être écartée par une convention expresse, si les associés ont le droit de céder leur intérêt dans la société : elle n'existe jamais dans les sociétés par actions, puisque l'actionnaire qui veut se retirer n'a qu'à céder ses droits à un tiers. Du reste, lorsque cette renonciation est possible, elle n'a d'effet que si elle est notifiée à tous les associés, et si elle est faite de bonne foi et non à contre-temps (art. 1869-1870, C. civ.).

Une question controversée est celle de savoir si la faillite de la société entraîne de plein droit sa dissolution. Nous répondrons négativement : en effet, il ne faut pas dire que dans le cas de faillite il y a extinction du capital, et par suite que la société est dissoute par l'extinction de la chose. Cette extinction du capital n'est pas une conséquence nécessaire de l'état de faillite, qui peut exister malgré la conservation d'un reliquat actif. L'article 531 du Code de commerce, d'ailleurs, en permettant de ne consentir un concordat qu'en faveur d'un ou de plusieurs associés, suppose bien qu'un concordat peut être accordé à la société elle-même ; et si un semblable traité peut être fait en sa faveur, c'est que le fait de la faillite ne l'a pas dissoute.

La société étant dissoute, il est nécessaire de la liquider ; cette opération comprend trois choses : 1° il faut compléter l'actif de la société en recouvrant les sommes dues par des tiers, en revendiquant, contre ceux qui les possèdent, les immeubles de la société ; 2° il faut payer les dettes de la société, et restituer à leurs propriétaires les immeubles qu'elle possède ; 3° les liquidateurs doivent terminer les opérations commencées ; ils pourraient même en commencer de nouvelles , si cela était avantageux , et , par exemple , si cela était nécessaire pour conserver la clientèle de la société qu'on se propose de vendre plus tard.

Avant d'étudier spécialement les pouvoirs des liquidateurs, nous devons nous demander à qui il appartient de les nommer.

Il se rencontre assez souvent que l'acte constitutif de la société désigne d'avance un ou plusieurs liquidateurs ; une telle clause est fort sage, car elle prévient les dissentiments qui peuvent s'élever lors de la dissolution, et elle permet aux liquidateurs ainsi nommés d'entrer en fonctions au moment même où cesse l'administration des gérants. Si cette clause n'existe pas, certains auteurs croient que la nomination des liquidateurs ne pourra être faite que par l'unanimité des associés, ou, à défaut de cette unanimité, par la justice. Nous pensons que la majorité des associés pourra nommer les liquidateurs ; cette nomination est de nécessité absolue, et, par suite, ce n'est pas le cas d'exiger la volonté unanime des parties, qui est indispensable pour la formation d'un contrat ; ce qui le prouve, c'est que le sys-

tème que nous combattons viole lui-même ce
principe fondamental des contrats en permettant
de recourir à la justice.

Le liquidateur doit avant tout faire inventaire ;
s'il néglige cette formalité, il s'expose à des condamnations personnelles que pourraient obtenir
contre lui les créanciers sociaux ou les associés,
faute par lui de pouvoir prouver la consistance
réelle de l'actif. Il fera bien aussi de dresser
des états de situation qu'il soumettra aux associés
afin de leur faire connaître l'état des opérations
dont il est chargé. C'est à lui qu'il appartient
de faire tous les actes conservatoires, tels que
les actes interruptifs de prescription, les renou-
vellements d'inscriptions hypothécaires. C'est lui
encore qui devra régler la situation des associés
vis-à-vis de la société, recevoir les comptes du
gérant, poursuivre les commanditaires qui n'ont
pas encore versé leur mise, restituer aux associés
les choses qu'ils peuvent reprendre en nature,
et leur payer tout ce qui leur est dû.

Les pouvoirs du liquidateur peuvent être limités
par l'acte qui les nomme ; mais, dans le silence
de cet acte, quels seront-ils ? Il faut remarquer
tout d'abord que le liquidateur peut obliger la
société, en tant que cela est nécessaire, puisqu'il
la représente, et en obligeant la société, il ne
s'oblige pas personnellement ; ses engagements

peuvent être exécutés sur le fonds social, et même sur les biens personnels des associés responsables, pourvu qu'il les ait contractés dans la limite de son mandat, et dans l'intérêt de la société. Le liquidateur ne peut, sans un pouvoir spécial, ni transiger, ni compromettre au nom de la société; il ne peut vendre, ni hypothéquer les immeubles qui font partie du fonds social; ces actes ne rentrent pas dans les attributions d'un simple mandataire (art. 1988-1989, C. civ.), et dès lors le liquidateur ne peut les faire qu'en vertu d'une autorisation expresse, qui peut, du reste, lui être donnée lors de sa nomination.

Lorsque la société a été déclarée en faillite, les actions qu'elle a contre des tiers sont exercées par des syndics. Hors de ce cas, ce sont les liquidateurs qui doivent exercer ces actions; et réciproquement, c'est contre eux que doivent être exercées les actions des créanciers de la société. En effet, les liquidateurs représentent la société, mais ils n'ont pas qualité pour représenter les associés; et les créanciers qui ont action à la fois contre la société et contre les associés en nom, doivent, pour conserver leurs droits et interrompre la prescription, agir contre les liquidateurs et contre chacun des associés responsables. Il semble que la société, une fois dissoute, ne devrait plus être considérée comme une personne morale. Il en est ainsi, en effet, à certains points de vue : la société dissoute perd son caractère de personne pour l'avenir ; elle le conserve pour les actes antérieurs à la dissolution. C'est une règle traditionnelle que la jurisprudence applique pour ne pas léser les droits acquis.

Nous savons que les créanciers de la société ont une action directe contre les commanditaires pour les contraindre au versement de leur mise, et que, de plus, ils peuvent poursuivre solidairement les associés responsables à raison de leurs créances. Le législateur a pensé que ces actions devaient être soumises à une prescription plus courte que la prescription ordinaire, afin de ne pas effrayer par une responsabilité trop longue ceux qui s'engagent dans les sociétés de commerce. C'est dans ce but qu'il a décidé que « toutes actions contre les associés non liquidateurs, et leurs veuves, héritiers ou ayants-cause, sont prescrites cinq ans après la fin ou la dissolution de la société....... » (art. 64) C. comm.).

De cette disposition résultent de graves difficultés, que nous essaierons de résoudre très-brièvement. Et, d'abord, la généralité des termes nous force à admettre que la prescription quinquennale sera applicable, non-seulement aux associés en nom collectif, mais même aux commanditaires

(Rej., Ch. des Req., 24 juillet 1835), bien qu'elle se justifie moins à leur égard, puisque leur obligation n'est ni solidaire ni indéfinie.

Cette prescription a pour point de départ la dissolution de la société ; et, d'autre part, elle est subordonnée à l'accomplissement des formalités de publicité prescrites par la loi (même art. 64). Nous en concluons que si ces formalités n'ont pas été accomplies dans le délai légal, la prescription ne courra que du jour où la dissolution aura été régulièrement publiée. Il est certain également que si la société se dissout à l'expiration du terme fixé par l'acte de société, les tiers étant avertis par la publication de cet acte, la prescription commencera au jour même de l'expiration du terme. Si, au contraire, la dissolution a lieu avant le terme convenu, le point de départ de la prescription sera la publication de l'acte de dissolution, alors même qu'elle serait faite dans les délais légaux.

Ajoutons que cette prescription peut être *interrompue* par des poursuites judiciaires et par les autres modes d'interruption de droit commun ; en conséquence, l'associé non liquidateur ne pourra plus s'en prévaloir s'il a payé des à-comptes ou s'il a reconnu sa dette d'une manière quelconque (Cass., Ch. civ., 19 janv. 1859). Au contraire, la prescription quinquennale de l'article 64 ne serait point suspendue au profit d'un mineur ou d'un interdit.

La question la plus délicate qui se présente sur l'article 64, est celle de savoir par qui et contre qui cet article peut être invoqué. Assurément, la prescription quinquennale ne s'applique pas dans les rapports des associés entre eux, ou avec le liquidateur. De même, il n'est pas douteux que le liquidateur est responsable de sa gestion pendant trente ans envers les associés, et que, pendant trente ans, les créanciers sociaux peuvent lui demander compte de l'emploi qu'il a fait de l'actif de la société. Enfin il est certain que les créanciers qui ont négligé pendant cinq ans d'exercer des poursuites contre les associés personnellement, n'ont plus le droit de les poursuivre sur leurs biens personnels. Ainsi il faut bien distinguer les deux prescriptions : dans les rapports entre les associés et les créanciers sociaux, la prescription s'accomplit au bout de cinq ans ; au contraire, elle ne s'accomplit qu'au bout de trente ans, dans les rapports des associés entre eux ou avec le liquidateur, et dans ceux des créanciers avec le liquidateur.

Ces principes nous paraissent applicables, non seulement lorsque le liquidateur est un étranger, mais encore lorsqu'il est pris parmi les associés : toutefois l'opinion d'un assez grand nombre d'auteurs est qu'il faut s'en tenir à la lettre de l'article 64, qui ne parle que des associés *non liquidateurs*. Ce système nous paraît avoir un vice radical : il aboutit à enlever tout effet à l'article 64, lorsque c'est un associé qui est liquidateur ; car si cet associé peut être poursuivi pendant trente ans, il aura évidemment pendant le même temps un recours contre les autres associés, et, par suite, le but de l'article 64 ne sera pas atteint. Aussi croyons-nous que le système que nous repoussons est contraire à l'esprit du législateur : pour nous, lorsque un associé est nommé liquidateur, il réunit deux qualités : 1° celle d'ancien associé ; 2° celle de liquidateur. Comme ancien associé il doit bénéficier de l'article 64 ; mais comme liquidateur, il est, pendant trente ans, responsable de sa gestion, et notamment de l'emploi qu'il a fait de l'actif social.

Il peut arriver qu'un liquidateur soit remplacé, soit parce qu'il vient à mourir au cours de ses opérations, soit parce que ses mandants le révoquent, soit parce que lui-même donne sa démission. Si ce liquidateur est un associé, nous admettons que la prescription quinquennale court à son profit, non pas du jour de la cessation de ses fonctions, mais du jour même de la dissolution de la société ; c'est la conséquence de la doctrine que nous venons d'exposer. Bien entendu, le liquidateur remplacé reste responsable de son administration pendant trente ans ; il ne peut invoquer la prescription de l'article 64 que relativement aux obligations dont il est tenu comme associé.

Il ne nous reste plus qu'à voir quelles sont les règles relatives au partage, c'est-à-dire à la répartition de l'actif net entre les associés, proportionnellement à leur intérêt. A cet égard, le principe est très-simple : « Les règles concernant le partage des successions, la forme de ce partage et les obligations qui en résultent entre les cohéritiers, s'appliquent aux partages entre associés » (art. 1872, C. civ.). En présence de ce texte, on applique sans hésitation au partage des sociétés les dispositions du Code civil relatives à l'effet déclaratif du partage, à sa rescision pour cause de lésion, à la garantie des lots, au droit qu'ont les créanciers d'intervenir au partage pour éviter les fraudes possibles, au privilége des copartageants, etc. » D'un autre côté, on s'accorde généralement à ne pas admettre, en matière de société, le retrait dont parle l'article 841 du Code civil, comme n'ayant aucune raison d'être entre associés. D'ailleurs, l'article 841 est une exception au droit commun, une dérogation au principe de la liberté des conventions ; on ne peut pas étendre cette disposition à un cas pour lequel les considérations qui l'ont fait admettre dans la loi ne sauraient être admises.

Le seul point qui fasse vraiment difficulté est celui-ci : Un associé peut-il exiger sa part en nature des biens sociaux qui sont susceptibles d'être partagés (art. 826, C. civ.)? Nous n'hésitons pas à répondre affirmativement : tout partage présuppose une indivision, un droit de copropriété que chacun des communistes a sur tout ce dont la masse est composée; par conséquent, on ne peut, sans porter atteinte à ce droit réel, le convertir en un droit purement personnel, en un droit de créance par suite de la vente qui en serait ordonnée. Si donc l'un des associés a intérêt au partage en nature, il peut l'exiger conformément au droit commun (Lyon, 23 juillet 1856).

CHAPITRE III.

DE LA COMMANDITE PAR ACTIONS.

(Loi du 24 juillet 1867.)

La commandite par actions, après avoir été pendant longtemps soumise aux seules règles du Code de commerce, fut une première fois réglementée d'une façon plus étroite par la loi de 1856 : cette loi ayant été reconnue comme tendant à nuire au progrès des associations, le Gouvernement avait cru, dès 1865, opportun de présenter un projet nouveau, qui est devenu la loi du 24 juillet 1867.

La loi de 1867, qui traite en même temps des sociétés anonymes, des sociétés à capital variable, et des tontines, consacre son titre Ier aux sociétés en commandite par actions. En ce qui touche ces sociétés, elle accorde quelques facilités nouvelles, supprime quelques-unes des restrictions jugées excessives de la loi de 1856 ; mais elle en laisse subsister un grand nombre ; et, comme d'un autre côté elle accorde une très-grande liberté aux sociétés anonymes, on peut dire que la commandite par actions n'est plus beaucoup pratiquée. Il est cependant intéressant d'étudier les règles diverses auxquelles le législateur de 1867 a cru devoir soumettre la constitution, et le fonctionnement des commandites par actions.

Nous allons étudier ces règles, en ayant soin de signaler les points sur lesquels la loi nouvelle s'est écartée du système de la loi de 1856.

§ 1.

CONSTITUTION DE LA SOCIÉTÉ.

Trois conditions sont nécessaires pour la constitution d'une société en commandite par actions : 1° la souscription de la totalité du capital social ; 2° le versement du quart du montant des actions souscrites ; 3° la vérification des apports qui ne consistent pas en numéraire, et de la cause des avantages particuliers qui ont pu être stipulés.

Outre ces conditions spéciales aux sociétés par actions, il faut évidemment qu'un acte soit rédigé. L'acte constitutif de la société peut être authentique, ou sous seing privé. Dans ce dernier cas, l'article 1er de la loi de 1867, tranchant une difficulté qui s'était élevée, décide qu'il suffira qu'il soit fait en double original, quel que soit le nombre des associés ; l'un des originaux reste déposé au siége social, tandis que l'autre est annexé à la déclaration notariée du gérant dont nous parlerons plus tard, afin d'éviter les fraudes qui pourraient se produire si les deux originaux restaient entre les mains du gérant. Celui-ci ne pourra plus, grâce à cette précaution, changer à son gré les statuts au préjudice des actionnaires et des tiers.

La loi n'exige pas que l'acte soit signé par un ou plusieurs des commanditaires ; il pourra donc être signé par le gérant seul. En vain dirait-on qu'un tel acte ne saurait avoir force obligatoire, puisqu'un contrat exige toujours le consentement de toutes les parties : l'acte signé par le gérant n'a sans doute aucune force par lui-même, mais c'est une offre que les souscripteurs acceptent par le fait même de leur souscription. Bien que le consentement des deux parties ne se produise pas en même temps, le contrat se forme dès que l'offre du gérant est acceptée, c'est-à-dire dès que le capital est souscrit.

La loi de 1867, reproduisant textuellement celle de 1856, fait de la souscription du capital social tout entier une condition essentielle de la constitution de la société. Le but de cette disposition est d'empêcher que les opérations sociales ne puissent commencer avec un capital insuffisant, et en même temps d'assurer une garantie sérieuse aux tiers qui traitent avec la société. Dès lors, il faut admettre que les actions doivent être souscrites purement et simplement. Mais l'engagement pur et simple des souscripteurs ne devient définitif et irrévocable que quand le gérant l'a accepté, et quand le souscripteur a été prévenu de cette acceptation. Il faut donc que le bulletin de souscription soit rédigé en double, de façon que le gérant et le souscripteur en aient chacun un original (Paris, 22 janvier 1853); ou du moins, s'il est rédigé en la forme unilatérale, il faut que le gérant avertisse le souscripteur de son acceptation; en un mot, il faut toujours que le concours des volontés, d'où résulte le contrat, soit régulièrement constaté (Paris, 11 janvier 1854).

Avant la loi de 1856, les statuts autorisaient souvent l'émission du capital social par séries successives, dont la souscription pouvait avoir lieu au fur et à mesure des besoins de la société. Depuis que la souscription intégrale du capital doit précéder la constitution de la commandite, une telle clause ne serait certainement pas valable. Il faut même aller plus loin et dire que les statuts ne pourraient autoriser à l'avance l'augmentation du capital, en vertu d'une délibération de l'assemblée générale des actionnaires.

Cette clause, quoique admise par un certain nombre d'auteurs, viole l'article 1ᵉʳ de la loi de 1867 ; en effet, ce système ouvre la porte à la fraude en permettant d'arriver indirectement à cette émission par séries, qui est incompatible avec les exigences de la loi ; et, d'ailleurs, l'article 1ᵉʳ est formel.

La souscription des actions est irrévocable. Nous savons déjà qu'elle ne peut être conditionnelle. C'est par application de ce principe que la Cour de Paris a (10 janv. 1861) condamné à payer le montant des actions par lui souscrites, un employé dont la souscription avait été déterminée par les fonctions qui lui avaient été confiées dans les bureaux de la société, bien que ces fonctions ne lui eussent pas été conservées. Dans cet arrêt, la Cour a été déterminée par cette circonstance, que le gérant n'avait pas le pouvoir de garantir l'inamovibilité aux employés. Mais quand même le gérant aurait ce pouvoir, la décision devrait être la même, sauf à l'employé injustement renvoyé à intenter une action en indemnité.

Le gérant peut, selon nous, aussi bien souscrire des actions au moment de l'émission, qu'en acheter lorsque la société est constituée. Mais sa souscription serait nulle, et entraînerait la nullité de la société, s'il ne s'engageait pas lui-même, s'il portait sur la liste des souscripteurs *pour divers*, sans indication de personnes, avec l'intention de faire plus tard accepter par un tiers les actions ainsi souscrites. Celui qui accepterait dans ces conditions ne serait pas considéré comme un souscripteur ; il pourrait n'accepter que conditionnellement, et se refuser à faire les versements si la condition venait à défaillir.

La société serait nulle également si, au lieu de porter sur la liste des souscripteurs un article *divers*, le gérant y inscrivait des prête-noms complaisants qu'il se proposerait de remplacer plus tard par des actionnaires véritables. La volonté du législateur est claire ; il faut que le capital entier soit souscrit, qu'il le soit avant la constitution de la société ; le but de la loi serait manqué si les souscripteurs n'étaient pas sérieux.

Enfin, si le capital entier n'est pas souscrit, les associés peuvent-ils, afin de constituer la société sur des bases régulières, réduire le capital au chiffre réellement souscrit ?

Nous répondrons affirmativement, mais il faut que tous les actionnaires soient d'accord sur ce point. « Le consentement donné par les actionnaires, convoqués par les fondateurs, ne peut obliger que chacun d'eux en particulier. En effet, la société n'étant pas encore constituée, il ne

peut y avoir d'assemblée générale d'actionnaires,
ayant le droit de prendre des délibérations obli-
gatoires pour la minorité. Dès lors, les souscripteurs qui n'adhèrent pas au nouveau projet,
peuvent retirer leur souscription qu'ils n'avaient
donnée que pour la réalisation du projet primitif » (M. Dalloz, sur un arrêt de la Cour de
Paris, du 24 mars 1859). Il faut aussi que la
décision prise à l'unanimité par les actionnaires
soit portée à la connaissance des tiers, par
exemple, par l'annexion à la déclaration notariée
du gérant du procès-verbal de l'assemblée où elle
a été prise.

La seconde condition exigée par l'article 1⁰ⁱ
est le versement par chaque actionnaire du quart
au moins du montant des actions par lui souscrites. Peu importe que ce versement soit fait
en même temps que la souscription, ou plus
tard, la loi n'exige rien à cet égard. En pratique, le versement est fait en souscrivant, et le
gérant agit prudemment en exigeant qu'il en soit
ainsi, puisque le défaut de versement par un
seul des souscripteurs suffit pour empêcher que
la société puisse se constituer.

Ce que veut la loi, il importe de le remarquer, ce n'est pas uniquement que le quart du
capital soit versé : c'est encore que *chaque souscripteur* ait versé le quart du montant de ses

actions. De cette façon le gérant aura à sa disposition des ressources disponibles suffisantes pour commencer les opérations ; et, en même temps, la nécessité d'un versement immédiat écartera les spéculateurs sans consistance. Le but de ces prescriptions de la loi suffit pour en faire comprendre la portée. Le versement doit être fait soit en argent comptant, soit en valeurs équivalentes à de l'argent comptant, telles que des coupons de rente, d'actions ou d'obligations industrielles *payables au porteur*. On ne pourrait donc considérer comme valable un versement effectué en valeurs de portefeuille d'un recouvrement plus ou moins incertain (Cass., 11 mai 1863), car il ne procurerait pas à la société le fonds de roulement que le législateur regarde comme indispensable.

Si l'un des actionnaires avait, en souscrivant, stipulé qu'il payerait ses actions en valeurs mobilières, ou en fonrnitures et travaux de diverses natures, cette stipulation ne serait nullement valable, car les apports en nature doivent être approuvés d'une manière spéciale. Les tiers, et même les autres actionnaires, ne doivent pas être victimes de la fraude commise par le gérant et le souscripteur ; ils ont droit à la réparation du dommage qui résulte pour eux de la souscription irrégulière : c'est-à-dire qu'ils peuvent exiger le versement en numéraire des sommes souscrites.

Les statuts pourraient cependant accorder à certains actionnaires la faculté de se libérer en fournitures ou travaux déterminés ; seulement cette clause serait soumise à l'approbation de l'assemblée générale, conformément à l'article 4, et devrait être publiée aux termes de l'article 55 de la loi du 24 juillet 1867.

Lorsque les deux conditions de souscription du capital entier et de versement du quart sont remplies, le gérant doit en faire la déclaration *dans un acte notarié*. Il doit présenter, pour être annexée à sa déclaration, la liste des souscripteurs, l'état des versements effectués, l'un des doubles de l'acte de société, s'il est sous seing privé, et une expédition, s'il est notarié et s'il est passé devant un notaire autre que celui qui a reçu la déclaration.

Le notaire n'a pas à s'enquérir de la sincérité des déclarations du gérant ; il les reçoit et les constate. Mais ces déclarations n'en assurent pas moins, autant que possible, l'accomplissement des formalités légales ; le gérant hésitera avant de faire une fausse déclaration dans un acte authentique et de s'exposer à la grande responsabilité qu'il encourrait en portant sur sa liste des souscripteurs imaginaires, ou en énonçant comme effectués des versements qu'il n'a pas encore reçus.

Les deux conditions que nous venons d'examiner sont imposées à toute société en commandite qui se fonde. Il en est autrement de la condition imposée par l'article 4 de la loi de 1867 : celle-ci suppose qu'un ou plusieurs associés font des apports en nature ou stipulent à leur profit des avantages particuliers. C'est, du reste, ce qui arrive le plus souvent : tantôt le fondateur d'une société apporte une invention à exploiter ou un immeuble, et il demande en échange de cet apport soit une somme d'argent, soit des actions, soit une quote-part des bénéfices ; tantôt les gérants stipulent, comme rémunération de leur travail ou comme compensation à la responsabilité qu'ils acceptent, certains avantages qui consistent presque toujours en une somme fixe à prélever, chaque année, sur les bénéfices avant partage.

La loi a craint que les souscripteurs, trop confiants dans les prospectus ou les annonces, n'apportassent leurs capitaux aux fondateurs, sans se rendre un compte exact de la cause des actes stipulés ou de la valeur réelle des apports. Elle a pensé que les actionnaires, réunis en assemblée générale, défendraient mieux leurs intérêts et pourraient débattre plus utilement les conditions

du contrat. Et comme souvent on se laisse entraîner sans réflexion lors d'une première réunion,
alors que tout semble parfait et que la confiance
est sans bornes, le législateur a cru devoir exiger
deux assemblées successives. De là l'article 4.

La première assemblée ne peut prendre aucune
décision ; elle sert seulement à mettre les actionnaires en rapport les uns avec les autres ; ils
peuvent ainsi discuter leurs intérêts, et ils doivent
faire apprécier les apports en nature et la cause
des avantages stipulés. Quant au choix du mode
de vérification le plus convenable, ils ont toute
liberté, ils nomment une commission, composée
comme ils l'entendent. Cette commission, après
s'être acquittée de ses fonctions, doit rédiger un
rapport qui est imprimé et tenu à la disposition
des actionnaires. C'est alors, et seulement cinq
jours après la communication de ce rapport, que
peut se réunir la seconde assemblée générale.
Cette seconde assemblée est toujours nécessaire,
alors même que, dès leur première réunion, les
souscripteurs auraient eu entre les mains tous les
éléments d'appréciation nécessaires. Le législateur
a voulu lui laisser le temps et les moyens de bien
réfléchir avant de prendre une décision définitive.

La seconde assemblée décide en connaissance
de cause si les avantages particuliers, si les
apports en nature sont bien justifiés ; ses membres

ont eu le temps d'étudier le rapport de leurs délégués et d'apprécier les prétentions des fondateurs et des gérants. Aussi cette assemblée a-t-elle le pouvoir, soit d'accepter, soit de rejeter purement et simplement les propositions sur lesquelles elle est appelée à statuer.

Elle pourrait certainement, si elle était composée de tous les actionnaires, et si le vote était unanime, réduire, d'accord avec les gérants et les fondateurs, l'évaluation de leurs apports ou le chiffre des avantages qu'ils réclament. Mais en serait-il de même si les souscripteurs n'étaient pas tous présents, ou si quelques-uns refusaient leur assentiment à une nouvelle combinaison ?

Selon nous, l'assemblée peut, à la majorité qu'exige l'article 4, approuver et accepter les réductions proposées pour atténuer l'exagération des évaluations primitives. En vain dirait-on que, pour modifier un contrat, il faut l'assentiment de toutes les parties contractantes ; en souscrivant, les actionnaires acceptent les statuts et approuvent implicitement l'estimation des apports et la cause des avantages ; ils seraient irrévocablement engagés, si la loi, venant à leur aide, ne prescrivait pas une délibération collective ; la décision de l'assemblée, qui seule a le droit de contrôle, lie et la minorité de ses membres et les actionnaires absents. Il serait, en vérité, bien étrange qu'une assemblée qui peut approuver purement et simplement les propositions qui lui sont soumises n'eût pas le pouvoir d'accepter des propositions plus modérées ! Il peut très-bien se faire que les gérants demandent de bonne foi des avantages qui paraissent trop considérables à l'assemblée ; pourquoi alors ne pas permettre une transaction équitable qui concilie les deux intérêts en présence ? L'article 4 porte, il est vrai, qu'à défaut d'approbation la société est sans effet à l'égard de toutes les parties, mais cette disposition ne s'applique pas au cas où une transaction est acceptée ; elle suppose le rejet pur et simple des avantages ou des apports, et elle déclare que ce rejet entraîne la nullité *erga omnes*. Certaines personnes pensaient que la minorité resterait engagée par suite de son vote favorable ; cette opinion était évidemment erronée, même sous l'empire de la loi de 1856, et c'est pour la détruire définitivement qu'un nouveau paragraphe a été ajouté à l'article 4.

La loi ne prescrit rien de particulier en ce qui touche la forme de la convocation de l'assemblée ; elle exige seulement que chacune des deux réunions soit l'objet d'une convocation spéciale. Le gérant doit convoquer les actionnaires quelques jours à l'avance, pour qu'ils puissent assister à l'assemblée ; l'usage admet comme suffisante la convocation faite par la voie des journaux ; au surplus, c'est la bonne foi qui doit présider à la conduite du gérant, et les tribunaux apprécieront souverainement si la convention a pu parvenir à la connaissance des actionnaires, et si elle a été faite en temps utile.

Au contraire, l'article 4 règle expressément la composition de la majorité dans les deux assemblées qui précèdent la constitution de la société.

« Les délibérations sont prises par la majorité des actionnaires présents. » Par là, le législateur n'entend pas exclure le vote par mandataire. Ce qu'il veut, c'est que le vote ait lieu par tête, et qu'un petit nombre d'actionnaires ne puissent pas, en réunissant chacun plusieurs voix, l'emporter sur une majorité composée de petits souscripteurs. Pour éviter, d'autre part, l'influence d'une majorité composée uniquement d'associés, dont l'intérêt dans la société serait relativement minime, la majorité « doit comprendre le quart des actionnaires, et représenter le quart du capital social en numéraire. » Ces derniers mots indiquent déjà ce que, pour éviter toute équivoque, ajoute l'article, c'est-à-dire : « Les associés qui ont fait l'apport ou stipulé des avantages soumis à l'appréciation de l'assemblée n'ont pas voix *délibérative.* »

Ces dispositions sont en quelque sorte d'ordre

public : la volonté des parties ne pourrait les changer : mais il faut les restreindre aux deux assemblées dont il est question ici ; quant aux assemblées postérieures, dans le silence de la loi, les statuts devront être observés ; si les statuts sont muets, il faudra recourir à notre article 4, s'attacher au vote *par tête*, à la majorité des membres présents, et donner le droit de vote même au porteur d'une seule action. Il y a, du reste, certains principes communs à toutes les délibérations : tel est celui qui déclare nulle et inexistante une délibération dont le procès-verbal ne serait revêtu d'aucune signature.

Qu'arriverait-il si l'assemblée ne pouvait se constituer, faute de réunir un nombre des membres égal au quart des actionnaires, ou pour tout autre motif ? On tenterait certainement une nouvelle convocation ; et si cette fois encore les conditions de l'article 4 ne se trouvaient pas remplies, la société serait nulle, le gérant et les souscripteurs seraient déliés de leurs engagements réciproques.

Enfin, les dispositions de l'article 4 ne sont pas applicables au cas où la société se forme entre les copropriétaires par indivis des choses qui font l'objet de l'apport en nature. Une société en commandite par actions se forme entre les copropriétaires d'une mine, par exemple, et il est entendu qu'on ne fera pas appel au public, que les actions seront souscrites par les copropriétaires eux-mêmes. Dans ce cas , le contrôle de l'assemblée générale est impossible ; tous ont le même intérêt. L'article 4 a voulu supprimer toute cause de doute , en disant que , dans ces circonstances, la société pourrait se constituer sans qu'il ait été procédé à la vérification de l'apport commun. Cette disposition de l'article 4 ne s'applique pas en cas de fraude ; il est certain que, si une société de ce genre se formait pour éviter la vérification de l'apport, et si ses membres avaient l'intention manifeste de se défaire immédiatement de leurs actions, en un mot, si l'on voulait tourner et violer la loi, la société serait déclarée nulle par les tribunaux.

§ 2.

DU TAUX ET DE LA NÉGOCIABILITÉ DES ACTIONS.

Les dispositions relatives au taux et à la négociabilité des actions ont pour but d'empêcher l'agiotage. Sous le régime de la liberté, les sociétés pouvaient émettre des actions de vingt, de dix , de deux francs ; on attirait ainsi les petits capitaux qui se laissaient séduire par les chances de hausse , on créait de véritables loteries. D'un autre côté, les actions, même émises à un taux raisonnable, se négociaient après un versement insignifiant; on pouvait ainsi, grâce aux hausses factices qui se produisaient, doubler, quadrupler rapidement le capital engagé, sans profit pour la société, et au détriment des actionnaires sérieux. Il y avait là un abus que la loi de 1867 a cherché à empêcher, au moyen de cette double restriction à la liberté des conventions.

D'une part, le capital social ne peut être divisé en actions de moins de cent francs, lorsqu'il n'excède pas deux cent mille francs, et de moins de cinq cents francs lorsqu'il est supérieur (art. 1).

D'autre part, les actions ne sont négociables qu'après le versement du quart.

Le minimum de cent et de cinq cents francs s'applique aux coupures d'actions comme aux actions, aux actions de fondation comme à celles qui sont libérées en argent. On ne pourrait échapper à cette prescription de la loi en déguisant les actions sous le nom de parts d'intérêt, c'est-à-dire en créant des actions de quotité sans indication de capital nominal : la fraude serait aisément déjouée : il suffirait de comparer le capital avec le nombre de parts émises, pour voir si les prescriptions de la loi ont été observées.

Le minimum ne s'applique pas au taux des

obligations ; il ne s'applique pas non plus aux *actions de jouissance*, qui ne donnent droit qu'à une part proportionnelle des bénéfices ; la valeur de ces actions dépend de la situation de la société, des bénéfices qu'elle réalise ; aussi échappent-elles certainement à la limitation qui nous occupe : remarquons que les actions de jouissance ne sont pas comprises dans le capital qui forme la garantie des tiers.

Aux termes de l'article 2, « les actions sont négociables après le versement du quart »; cela doit s'entendre du quart de leur prix d'émission, alors même qu'il est supérieur au taux légal.

Sous l'empire de la loi de 1856, qui exigeait le versement des deux cinquièmes pour la négociation, on pouvait se demander s'il fallait que le versement fût fait par tous les actionnaires ou s'il suffisait qu'il eût été effectué par celui qui voulait négocier ses actions. Le doute n'est plus possible aujourd'hui : la loi se contente du versement du quart, elle l'exige pour la constitution de la société comme pour la négociation des actions ; celle-ci ne peut avoir lieu tant que la société n'est pas constituée, c'est-à-dire tant que chaque actionnaire n'a pas versé le quart du montant de sa souscription.

La négociation de l'action fait naître cette question : quelle est la responsabilité du cédant vis-à-vis du cessionnaire ? Est-elle régie par l'article 1693 du Code civil ? Comprend-elle la garantie de l'existence du droit au moment de la cession ? Non : la négociation d'une action est, non pas une cession de créance, mais la vente d'une part dans la société. Le cédant doit prouver seulement qu'il a fait les versements exigibles ; le cessionnaire ne pourrait invoquer contre lui l'inexistence de la société, car il n'avait qu'à se renseigner lui-même sur l'entreprise à laquelle il voulait s'associer. Il ne peut agir contre le cédant que si celui-ci a été de mauvaise foi.

§ 3.

DE LA FORME DES ACTIONS ET DE LA RESPONSABILITÉ
DES SOUSCRIPTEURS PRIMITIFS.

La loi de 1856 exigeait que les actions restassent nominatives jusqu'à leur entière libération, et déclarait les souscripteurs responsables du montant total de leurs actions, nonobstant toute stipulation contraire. L'article 3 de la loi de 1867 a apporté une grave modification à cette disposition : il admet, comme nous allons le voir, la transformation des titres primitifs en actions au porteur, après le versement de la moitié et sous certaines conditions ; en outre, il modifie, dans une certaine mesure, la responsabilité des souscripteurs.

En ce qui touche la forme des actions, l'article 3 reconnaît implicitement que l'action au porteur n'a rien d'incompatible avec la commandite, bien qu'elle puisse offrir un moyen de violer l'article 27 du Code de commerce, qui défend aux commanditaires de s'immiscer dans la gestion. Ce point, du reste, ne faisait pas de doute depuis la loi de 1856.

Seulement la loi de 1856 (article 2) ne permettait de donner aux actions la forme au porteur qu'après leur libération complète. La loi nouvelle dispose que cette forme pourra désormais s'appliquer aux actions libérées de moitié à deux conditions : il faut que les statuts constitutifs de la société aient prévu cette transformation ; il faut aussi que, après le versement de la moitié, une délibération de l'assemblée générale intervienne pour l'obtenir. Grâce à cette double précaution, les tiers seront prévenus, dès l'origine, de la possibilité de la conversion, et celle-ci ne pourra avoir lieu qu'après que l'assemblée générale en aura reconnu l'opportunité. Il dépend donc de la majorité d'empêcher la conversion : cette majorité n'est pas soumise aux conditions de l'article 4 ; elle pourra, la loi n'ayant rien dit, ne pas comprendre le quart des actionnaires, et ne pas représenter le quart du capital.

En supposant une société dont les statuts sont conformes aux prescriptions légales, si des actions au porteur ont été délivrées avant l'accomplissement des conditions de l'article 3, quelle en sera la conséquence ? Ce ne sera pas la nullité de la société, car l'article 7 ne la prononce qu'en cas d'irrégularité dans la constitution. La seule sanction, en pareil cas, serait l'amende dont l'article 14 punit la négociation d'actions dont la forme est contraire aux dispositions de la loi. Au surplus, l'absence de sanction se comprend au cas où l'action n'est pas négociée, car alors la responsabilité du souscripteur reste entière. On pourrait lui poser ce dilemme : ou vous avez négocié vos actions, et vous êtes passible des peines portées par l'article 14 ; ou vous les avez encore entre les mains, et alors vous devez satisfaire aux appels de fonds exigibles.

Nous allons maintenant nous occuper de la seconde partie de l'article 3, celle qui modifie, dans une certaine mesure, ce principe général que tout débiteur est tenu, sur ses biens présents et futurs, des engagements par lui contractés (art. 2092, C. civ.).

Voyons d'abord à quelle hypothèse l'article 3 s'applique directement. Il suppose que le souscripteur primitif a aliéné ses actions avant d'avoir versé la moitié de leur montant (1) ; qu'une délibération de l'assemblée générale a ensuite, conformément à une clause des statuts, permis la conversion des actions en titres au porteur ; et il décide que, dans ces circonstances, le souscripteur et son cessionnaire sont tenus, pendant un délai de deux ans, à partir de la délibération de l'assemblée générale, au paiement intégral des actions cédées, sans qu'il y ait à distinguer si l'on a, ou non, usé de la faculté de les transformer en actions au porteur.

Voilà ce que décide le texte. Est-ce à dire que si la cession était intervenue après le versement de la moitié, le cédant serait immédiatement dégagé ? Évidemment non. A quelque époque qu'elle soit faite, la cession laisse subsister l'engagement du souscripteur pendant deux ans. Malheureusement, le texte n'indique pas à partir de quelle époque sera compté ce délai. On ne peut plus ici prendre pour point de départ la délibération de l'assemblée générale ; autrement, si la cession avait lieu deux ans après la délibération, le souscripteur serait libéré immédiatement et

---

(1) Il a pu les négocier après le versement du quart (art. 2).

pourrait se substituer un homme de paille au moment le plus critique, et c'est ce que le législateur n'a pas voulu. Lors donc que la cession sera postérieure au versement de la moitié et à la délibération de l'assemblée, le délai de deux ans courra à partir de la cession même. Si la loi le fait courir du jour de la délibération lorsque la cession est antérieure, c'est pour éviter que le cédant ne puisse être libéré avant même que l'assemblée générale ait autorisé la conversion; elle veut toujours que l'obligation subsiste *pendant deux ans*, soit à partir de la délibération, soit à partir de la cession.

En tout cas, remarquons que le souscripteur primitif n'est libéré au bout de deux ans que si ces quatre conditions concourent : 1° clause des statuts qui prévoit la conversion ; 2° délibération de l'assemblée qui autorise cette conversion ; 3° cession de l'action avant ou après la délibération ; 4° versement de la moitié au moins du montant de l'action. L'une de ces conditions vient-elle à manquer, le souscripteur reste tenu indéfiniment, conformément au droit commun. Tel est le sens que nous donnons à l'article 3, bien moins à cause de son texte, qui manque de clarté, qu'à cause des diverses circonstances qui ont précédé son vote (Discussion au Corps législatif de la loi de 1867, art. 2 et 3).

Nous nous sommes attaché jusqu'ici à la situation du souscripteur : quelle sera celle des tiers acquéreurs de ses actions ? Et si l'action a été transmise plusieurs fois lors d'un appel de fonds, quelle sera l'obligation du porteur actuel et des cessionnaires intermédiaires ?

Si l'on s'en tenait rigoureusement au texte de l'article 3, on arriverait à une étrange anomalie. On déciderait que, dans le cas où le souscripteur primitif aurait aliéné ses actions avant le versement de moitié, le porteur de ces actions serait, aussi bien que le souscripteur lui-même et que les cessionnaires intermédiaires, complètement libéré deux ans après la délibération de l'assemblée dont parle l'article 3, de telle sorte que la société n'aurait plus personne à qui réclamer les versements ultérieurs. Ce n'était évidemment pas le but que voulaient atteindre les législateurs : on ne déclare le souscripteur libéré par la prescription biennale que s'il a cédé ses actions ; pourquoi ? parce que la société aura à sa place un autre débiteur, le porteur de l'action. La pensée du législateur paraît donc être celle-ci : le porteur actuel sera toujours tenu des versements, des appels de fonds régulièrement votés ; il le sera sans distinction entre celui qui s'est rendu cessionnaire avant le versement de moitié et celui qui l'est devenu après.

Ainsi, la prescription de deux ans ne s'applique pas, suivant nous, au porteur actuel de l'action. Les cessionnaires dont parle l'article 3 sont ceux que nous appelons intermédiaires, ceux qui ont eu l'action entre les mains pendant un certain temps, et qui l'ont ensuite aliénée à leur tour. Ceux-là sont responsables des versements restant à faire ; on ne peut pas en douter depuis la loi de 1867, car l'article semble bien admettre que plusieurs cessionnaires peuvent être responsables. Mais pendant combien de temps le sont-ils ? C'est ici que nous appliquerons la distinction entre ceux qui ont acquis des actions avant le versement de moitié et ceux qui n'en ont acquis que plus tard ; les premiers seront tenus pendant deux ans, à compter de la délibération qui a autorisé la conversion ; les seconds pendant deux ans, à compter de la cession de leurs actions à un tiers.

L'article 3 est, sans contredit, l'un des plus obscurs de la loi de 1867, et la discussion de la chambre ne paraît pas l'avoir rendu beaucoup plus clair. Nous pensons cependant que le système que nous venons d'exposer est conforme à la pensée dominante du Corps législatif : cette pensée était de maintenir, malgré la cession des actions, la responsabilité du souscripteur pendant un certain temps, et en outre d'assimiler à peu près les divers cessionnaires au souscripteur primitif. Ce qu'on voulait surtout éviter, c'étaient ces cessions frauduleuses qui eussent permis de substituer, au moment même d'une crise de la société, un homme de paille à un souscripteur primitif solvable ou à un cessionnaire sérieux.

La société peut, nous venons de le voir, se trouver en présence de trois classes de débiteurs : souscripteur, cessionnaire intermédiaire, et porteur actuel de l'action. Les souscripteurs primitifs, dont les noms sont sur les registres, ne peuvent échapper aux poursuites : d'ailleurs ils sont débiteurs principaux, ils ne peuvent exiger que le gérant poursuive d'abord le porteur actuel des actions par lui souscrites. Quant aux cessionnaires et aux propriétaires actuels des actions, la société les trouvera sans peine si les actions sont nominatives. Que si elles sont au porteur, la preuve par tous les moyens sera admise, mais elle n'en sera pas moins souvent fort difficile ; toutefois, en se reportant aux dépôts d'actions faits en vue d'assister à une assemblée générale, on connaîtra les noms des actionnaires qui ont assisté à cette assemblée ; il n'y aura guère d'autre moyen de connaître les propriétaires d'actions au porteur, s'ils ne se présentent pas eux-mêmes pour acquitter les versements exigibles.

En pratique, comment s'exerce l'action en

responsabilité contre les cessionnaires ou souscripteurs d'actions? Le gérant peut obtenir contre
eux un jugement et l'exécuter sur leurs biens.
Mais ce moyen pourra être insuffisant et il en-
traînera des délais. Aussi, presque toujours, les
statuts stipulent que les actions, en cas de retard
prolongé dans les versements à faire, seront
vendues à la Bourse sur duplicata, et que la
société se remboursera sur le prix de cette vente;
le duplicata remplace l'action primitive qui est
annulée. Si les statuts n'autorisaient pas cette
exécution, elle ne pourrait avoir lieu qu'après la
mise en demeure du souscripteur, suivie d'une
déchéance judiciaire prononcée contre lui. Si
l'exécution est, au contraire, autorisée par les
statuts, elle peut avoir lieu après l'expiration du
délai accordé pour le versement.

En principe, les versements doivent avoir lieu
aux époques fixées par les statuts. Quand la
société tombe en faillite, tous les versements
restant à faire deviennent de suite exigibles; mais
les intérêts ne courent que de la demande formée
en justice, et non du jour de la faillite (Paris,
23 juin 1859).

Nous avons terminé l'étude des quatre premiers
articles de la loi de 1867, nous allons maintenant
nous occuper du conseil de surveillance; quant
aux sanctions de la loi relatives aux quatre pre-

miers articles , nous renvoyons au § 5 de ce chapitre, où nous traiterons des sanctions de la loi relatives à la commandite par actions.

§ 4.

DU CONSEIL DE SURVEILLANCE.

Nous avons vu que les commanditaires peuvent, sans tomber sous le coup de la responsabilité prononcée par l'article 28 du Code de commerce, surveiller l'administration du gérant. La loi a pensé que cette surveillance serait le plus souvent illusoire dans les sociétés par actions, si elle était bornée à l'initiative individuelle. C'est pourquoi elle a établi certaines règles relatives à la composition, aux attributions et à la responsabilité d'un conseil de surveillance, chargé spécialement de contrôler les actes du gérant. Ces règles sont d'ordre public, car elles tendent à protéger les actionnaires contre le pouvoir excessif des administrateurs. Les conventions particulières ne peuvent y déroger (Trib. de Comm. de la Seine, 18 octobre 1858).

L'article 5 exige que, dans toute société en commandite par actions, il soit établi un conseil de surveillance, composé de trois actionnaires au moins.

« Ce conseil est nommé par l'assemblée générale des actionnaires, immédiatement après la constitution définitive de la société, et avant toute opération sociale. » Ainsi le gérant ne pourra plus, comme cela avait lieu autrefois, nommer lui-même les membres du conseil chargé de le surveiller. La nomination sera faite par l'assemblée générale, soit par celle qui vérifie les apports (art. 4), soit par une assemblée postérieure. La loi n'exige ici rien de particulier : la majorité se comptera d'après les règles établies dans les statuts, et, à défaut des statuts, d'après l'équité et le droit commun.

Mais le Conseil de surveillance ne peut être nommé qu'après la constitution de la Société, afin qu'on ne puisse pas se servir du nom et de la qualité de ses membres pour attirer les souscriptions. Et il doit l'être avant toute opération sociale, car il faut que le contrôle soit établi et puisse fonctionner dès qu'il y a des actes à surveiller.

Le Conseil doit se composer de trois actionnaires au moins : s'il se composait d'étrangers, ceux-ci, à défaut d'intérêt dans la société, exerceraient mal leurs fonctions. Par conséquent, si l'un des membres vient à aliéner ses actions, sa capacité cesse par là même, et il doit être remplacé. D'ailleurs, pour faire partie du conseil de surveillance, il n'est pas nécessaire d'avoir *souscrit* des actions, il suffit d'en posséder, et, par exemple, d'en avoir acheté. La loi n'exige que la qualité d'actionnaire ; le possesseur d'une seule action peut donc être membre du conseil de surveillance.

Souvent les statuts exigent que les membres du conseil de surveillance aient un certain nombre d'actions libérées, et que ces actions restent déposées dans la caisse sociale pendant la durée de leurs fonctions. En pareil cas, l'acceptation du titre de membre du conseil emporte de plein droit la souscription du nombre d'actions exigé.

La loi de 1856 exigeait que le conseil de surveillance fût composé d'au moins cinq membres ; ce nombre est aujourd'hui réduit à trois ; mais ce n'est qu'un minimum, et les parties ont évidemment la faculté de le dépasser. Elles feront bien, dans tous les cas, de nommer un ou plusieurs membres suppléants destinés à remplacer ceux qui viendraient à mourir ou qui donneraient leur démission. Toutefois, si cette précaution n'était pas prise, et si le nombre des membres devenait inférieur à trois, la société ne serait pas nulle ; seulement le gérant, et, à son défaut, les membres restants du conseil de surveillance, devraient provoquer la réunion de l'assemblée pour remplacer les membres morts, démissionnaires, ou empêchés.

Il est certain également que, s'il y a moins de trois actionnaires, la société peut exister sans conseil de surveillance ; ou plutôt chaque actionnaire surveillera en ce cas les opérations du gérant ; et si plus tard, par suite de cessions, le nombre des actionnaires augmente, on devra nommer un conseil de surveillance pour se conformer à l'article 5.

Le premier conseil est nommé pour une année ; il ne peut l'être pour un temps plus long ; M. Mathieu, dans son rapport au Corps législatif, en donne cette raison que, en général, on accepte ce conseil sans défiance, d'après les indications des fondateurs, et qu'il faut qu'on puisse le destituer sans scandale, s'il n'a pas rempli consciencieusement son mandat.

Quant aux conseils nommés plus tard, la loi de 1867 maintient le principe de la réélection ; elle désire que leurs membres ne soient pas inamovibles ; elle abandonne cependant aux statuts le soin de déterminer les époques et les conditions de la réélection. En fait, on réélit les membres du conseil de surveillance chaque année, par fractions d'un tiers ou d'un cinquième, pour ne pas mettre à la fois un trop grand nombre d'hommes nouveaux en face du gérant. Presque toujours aussi les statuts permettent la réélection des membres sortants : c'est une pratique excellente et qui n'a pas d'inconvénients.

Le premier conseil de surveillance doit, aussitôt après sa nomination, vérifier si les règles des articles 1, 2, 3, 4 et 5 ont été observées (art. 6). Cette disposition n'est pas nouvelle, elle était contenue implicitement dans la loi de 1856, qui déclarait le conseil de surveillance responsable de l'annulation de la société pour défaut d'accomplissement des formalités légales.

Dès que les membres du conseil de surveillance ont connu et accepté leur nomination, ils doivent procéder à la vérification prescrite par l'article 6, sous peine d'encourir, comme nous le verrons, une grave responsabilité.

Au cours de la société le conseil de surveillance a plusieurs devoirs à remplir (art. 10 et 11).

Il doit s'occuper :

1° De la vérification de la situation de la société ;

2° De la présentation d'un rapport annuel à l'assemblée générale ;

3° De l'inventaire ;

4° Des dividendes ;

5° De la convocation de l'assemblée générale ;

6° De l'action en dissolution de la société.

Avant d'aborder ces divers points, remarquons

que, dans le silence de la loi, les délibérations du conseil de surveillance sont prises à la majorité obsolue. Mais, bien entendu, si la décision de la majorité est de nature à entraîner une responsabilité quelconque, les membres de la minorité ont le droit de se faire donner acte de leur opposition, par exemple, de faire consigner leur opinion dans le rapport présenté à l'assemblée générale, afin d'échapper à toute responsabilité.

1° *De la vérification de la situation de la société*. — « Les membres du conseil de surveillance vérifient les livres, la caisse, le portefeuille et les valeurs de la société (art. 10).

Ils vérifient les livres, ceux-là mêmes qu'on n'est pas obligé de tenir : tout ce qui fait partie de la comptabilité tombe sous leur contrôle.

Ils vérifient la caisse et le portefeuille, ce qui leur permet d'examiner à chaque instant la situation de la société, de connaître les ressources disponibles, d'empêcher les détournements d'un gérant infidèle.

Ils vérifient les valeurs sociales, c'est-à-dire tout ce qui, en dehors de l'encaisse et du portefeuille, constitue l'actif. Les marchandises, le matériel, les immeubles, les brevets d'invention, sont des valeurs sociales qu'il importe de constater et qu'il faut évaluer avec réserve ; c'est en cette matière surtout que le contrôle doit s'exercer rigoureusement, car c'est ces valeurs qui prêtent le plus aux fraudes du gérant, et c'est à leur égard surtout qu'il est nécessaire d'éviter les estimations exagérées.

Le droit de vérification appartient à chacun individuellement, et peut être exercé à chaque instant. Le conseil peut, d'ailleurs, pour faciliter sa tâche, décider que ses membres exerceront la surveillance à tour de rôle.

Mais, il ne faut pas l'oublier, les membres du conseil de surveillance ne sont que des commanditaires ; dès lors, ils doivent s'abstenir de tout acte de gestion extérieure et se renfermer dans le rôle passif que la loi leur attribue ; l'action appartient au gérant seul.

2° *De la présentation d'un rapport annuel à l'assemblée générale.* — Grâce aux vérifications que la loi leur impose, les membres du conseil de surveillance ont les éléments nécessaires pour apprécier la situation de la société, pour se rendre compte de l'exactitude ou de la fausseté de l'inventaire dressé par le gérant, et, par suite, pour juger s'il y a lieu de distribuer un dividende aux actionnaires. Aussi, la loi leur prescrit-elle de présenter chaque année à l'assemblée géné-

rale « un rapport dans lequel ils doivent signaler
les irrégularités et inexactitudes qu'ils ont re-
connues dans les inventaires, et constater, s'il y a
lieu, les motifs qui s'opposent aux distributions
des dividendes proposées par le gérant. »

Ce rapport est donc un véritable exposé de la
situation : il approuve ou critique la conduite et
les propositions du gérant ; si les membres du
conseil ne sont pas d'accord , il indique leurs
opinions diverses, entre lesquelles l'assemblée
générale aura à se prononcer. Mais il n'appartient
pas au conseil de surveillance de refaire les inventaires ; il doit se borner à émettre son avis
et éviter tout acte d'immixtion.

Le rapport doit exercer une influence capitale
sur la décision que l'assemblée générale aura à
prendre. Pour éviter toute surprise, l'article 12
ordonne que, quinze jours au moins avant la
réunion de l'assemblée, le bilan, l'inventaire et
le rapport soient tenus à la disposition des actionnaires ou de leurs fondés de pouvoir. La communication de ces diverses pièces a lieu au siége
social ; elle eût été plus efficace sans doute si l'on
avait pu en remettre un exemplaire imprimé à
chaque actionnaire ; mais il faut croire que le
Corps législatif a craint d'imposer de trop grands
frais aux sociétés. Remarquons que l'article 12
ordonne la communication du rapport du conseil

de surveillance, sans parler du rapport du gérant; celui-ci peut donc rester secret jusqu'au dernier moment, et cela est très-regrettable, car il contient souvent les renseignements et les détails les plus intéressants.

3° *De l'inventaire.* — L'inventaire a pour but de constater l'actif et le passif de la société, de déterminer l'excédant de l'actif sur le passif, c'est-à-dire les bénéfices qui régulièrement doivent seuls faire l'objet d'une répartition aux actionnaires.

Rien ne semble plus simple, au premier abord, que de dresser un inventaire sincère et régulier; mais en allant au fond des choses, ou reconnaît que l'inventaire est pourtant une opération délicate, car presque tous les éléments de l'actif sont susceptibles d'évaluations diverses, et une bonne administration doit avant tout éviter les appréciations excessives. Le gérant engagerait sa responsabilité en déguisant la vérité dans les inventaires; nous verrons que les membres du conseil de surveillance se trouveraient responsables des inexactitudes qu'ils n'auraient pas signalées. Il est donc fort important de poser quelques règles qui doivent présider à la confection des inventaires et du bilan.

Certaines valeurs doivent nécessairement être

amorties chaque année : nous citerons les brevets d'invention dont la valeur diminue à mesure que leur terme approche ; le mobilier et l'outillage industriel qui se déprécient par l'usage ; les frais de constitution de la société, qui ne sont même pas une valeur réelle et qui doivent être amortis dès la première année.

Les valeurs cotées sont estimées au cours de la Bourse ; les marchandises, d'après les prix courants de vente, et non d'après leur prix de revient ; le prix des immeubles, qui peuvent être d'une réalisation difficile, doit être fixé avec modération.

L'un des éléments les plus incertains de l'actif, c'est les créances : il convient de ne les estimer que pour ce qu'elles valent réellement ; mais lorsqu'une créance est notoirement bonne au moment de l'inventaire, il est naturel de la porter à l'actif pour sa valeur nominale. Sans doute, il peut arriver qu'une crise commerciale entraîne des faillites, des déconfitures nombreuses, et que cette partie de l'actif se trouve singulièrement réduite lors du recouvrement ; il ne faut cependant pas demander au gérant de prévoir des désastres peu probables ; autrement, on arriverait à réduire à peu près l'actif à l'argent comptant, ce qui rendrait impossible toute distribution de bénéfices.

Lorsque la société est en possession d'un marché qui doit vraisemblablement lui procurer des bénéfices plus ou moins considérables, ces profits futurs ne doivent pas être portés à l'actif : la prudence veut qu'on n'escompte pas ainsi l'avenir ; les bénéfices doivent être portés à l'inventaire de l'année qui les a vus se réaliser et non à celui de l'année précédente ; tant qu'une opération n'est pas terminée, son résultat est incertain.

Le conseil de surveillance doit signaler, dans son rapport, la violation des règles que nous venons de poser, indiquer les évaluations qui lui semblent exagérées, signaler les erreurs du gérant et les choses qu'il a fait indûment figurer à l'actif. S'il ne le fait pas, il manque à son devoir, et sa responsabilité peut se trouver engagée.

4° *Des dividendes.* — Les dividendes sont les *bénéfices* qui se partagent chaque année, s'il y a lieu, entre les actionnaires ; il faut donc, pour qu'il y ait lieu à distribuer des dividendes, que le passif soit inférieur à l'actif ; le législateur ne veut pas, avec raison, que l'on prenne une partie du capital pour le distribuer aux actionnaires, lorsque la situation ne présente pas des bénéfices susceptibles d'une répartition. Si des dividendes *fictifs* ont été distribués, les tiers pourront agir contre le gérant et contre le conseil de surveillance : cela ne fait pas de difficulté ; mais pourront-ils agir de même contre les actionnaires ? C'était là une question fort délicate sur laquelle, sous l'empire de la loi de 1856, les auteurs et la jurisprudence étaient loin de s'accorder.

Les uns soutenaient qu'il ne pouvait y avoir de bénéfices réels qu'au moment de la dissolution, que, jusque-là, l'actionnaire ne pouvait être certain de conserver les dividendes par lui perçus.

Les autres répondaient : le bénéfice est annuel ; du jour où le dividende est payé, il est acquis définitivement, à la seule condition qu'il soit bien réellement pris sur l'excédant de l'actif. Ce premier point était généralement admis, mais il y avait encore division d'opinions pour savoir si la *bonne foi* des actionnaires les dispensait du rapport d'un dividende fictif.

La loi de 1867 admet bien en principe l'action en répétition, mais l'exercice de cette action n'est permis que dans ces deux cas : si des dividendes ont été distribués en l'absence de tout inventaire, ou en dehors des résultats constatés par l'inventaire. Le rapporteur de la loi disait : « Là où un inventaire a été dressé, vérifié, où la proposition d'un dividende a été précédée et accompagnée de toutes les garanties extérieures que la loi a organisées, l'actionnaire est autorisé à croire que le dividende est légitimement acquis. Sa bonne foi est présumée, et il ne doit pas être exposé au rapport, à moins qu'on n'établisse entre lui, le gérant, et le conseil de surveillance, une complicité véritable pour tromper les tiers sur la situation réelle de la société ; mais là où aucun inventaire de la société n'a été dressé, ou, ce qui y ressemble, là où le dividende a été distribué sans inventaire régulier, la bonne foi cesse, et l'action en répétition est ouverte. » Les juges apprécient en fait la bonne foi ou la mauvaise foi de l'actionnaire ; mais il sera bien difficile de prouver la mauvaise foi des actionnaires, et d'exercer l'action en répétition en dehors des deux cas indiqués plus haut, en l'absence d'inventaire, ou en dehors des résultats constatés par l'inventaire.

Malgré les termes généraux du texte de l'article 10, la répétition ne serait pas possible à l'égard des dividendes *réels*, distribués sans inventaire ; et dans le cas où le dividende excèderait le bénéfice réel constaté par l'inventaire, il ne serait rapportable que pour le surplus.

La disposition de l'avant dernier paragraphe de l'article 10 a introduit une importante modification au droit commun. « L'action en répétition, y est-il dit, dans le cas où elle est ouverte, se prescrit par cinq ans à partir du jour fixé pour la répartition des dividendes. » Le point de départ de la prescription sera uniforme pour tous les actionnaires ; à quelque époque qu'ils aient reçu les dividendes fictifs, ils seront à l'abri de toute recherche cinq ans après l'époque fixée pour la répartition. Cette dérogation à la législation précédente a soulevé d'énergiques protestations : Comment, dit-on, la loi n'admet l'action en répétition que dans le cas de mauvaise foi, et elle accorde cette protection, cette faveur à la fraude ! Nous croyons, cependant, qu'une courte prescription est nécessaire et juste en cette matière. « Il ne faut pas, comme le dit M. Bedarride, qu'un actionnaire, qui a annuellement reçu des sommes relativement minimes, qui les a dépensées pour ses besoins personnels et ceux de sa famille, puisse être tenu pendant trente ans de restituer l'intégralité des sommes reçues, accrues de l'intérêt légal ; une pareille obligation pourrait entraîner sa ruine. »

Par ce qui précède, on voit qu'il importe de bien distinguer les dividendes réels des dividendes fictifs. Voici un cas où cette distinction sera délicate : supposons que l'inventaire d'une société constate une perte importante, telle que la réserve ne puisse suffire à la combler ; en un mot, supposons que le capital social se trouve entamé à l'époque d'un inventaire annuel. Il est bien entendu que l'année où la perte s'est produite, aucun dividende ne saurait être régulièrement donné, puisque l'exercice se solde en perte. La question que nous soulevons est celle de savoir si cette perte doit influer sur les exercices suivants, au point d'absorber tous les bénéfices de l'entreprise jusqu'à la reconstitution entière du capital. Il nous semble que cette décision serait à la fois trop rigoureuse et trop absolue. Les dividendes sont des bénéfices annuels, périodiques ; chaque inventaire est une liquidation partielle ; si un exercice se solde en perte, le capital social se trouve réduit dans une certaine mesure ; on pourra, sans violer la loi, ne porter au passif de l'inventaire suivant que le capital ainsi réduit ; et, si cet inventaire est fait sérieusement et consciencieusement, il sera possible de distribuer un dividende. Dira-t-on que le capital social est le gage des tiers, qu'il ne peut être entamé jusqu'à la liquidation définitive ? Cet argument prouverait trop, car il conduirait à dire que les dividendes réels doivent être rapportés en cas de perte, et nous savons qu'ils sont acquis d'une façon définitive lorsqu'ils ont été distribués. D'ailleurs le capital social est bien, dans l'espèce, resté la garantie des tiers ; s'il est aujourd'hui diminué, il ne l'est pas au profit des actionnaires qui n'ont rien repris de leur mise ; son chiffre est réduit, le surplus est laissé intact, et les tiers ne peuvent rien exiger au-delà, car ils ont dû prévoir le cas où la société éprouverait des revers et subirait des pertes. En conséquence, si les bons principes financiers doivent conduire à la reconstitution du capital social, nous croyons qu'aucune règle juridique ne s'oppose à ce que cette reconstitution ait lieu successivement par prélèvements sur les bénéfices, dont une partie peut être distribuée aux actionnaires, chaque fois qu'un exercice *pris isolément* présente des bénéfices résultant d'un inventaire loyal et sincère.

Il nous reste à examiner un dernier point : la clause des statuts, qui stipule que les actionnaires recevront un intérêt annuel sur le montant de leur mise, est-elle valable ? Cette clause peut se présenter de différentes manières.

Si les statuts portent que l'intérêt sera prélevé sur les bénéfices nets, il aura certainement le caractère de dividende, il ne pourra être exigé en l'absence de bénéfices ; et s'il a été distribué indûment, c'est-à-dire en l'absence d'inventaire ou en dehors des résultats constatés par l'inventaire, il sera sujet à répétition.

Il en est de même, suivant nous, si les statuts stipulent simplement que l'intérêt à 5 ou 6 pour cent sera distribué chaque année. L'effet de cette clause est de permettre la distribution des intérêts avant le prélèvement de la part de bénéfices, attribuée presque toujours au gérant ; l'intérêt devient une charge de la société, en ce sens que la part du gérant ne se prélèvera qu'après qu'il aura été déduit des bénéfices ; mais il conserve le caractère de dividende en ce qui touche l'application de l'article 10.

Enfin, les statuts pourraient ordonner que l'intérêt sera payé dans tous les cas, et *bien que la société soit en perte.* L'opinion générale est qu'une telle clause est valable, sous la condition d'être publiée ; cette clause doit être publiée : en effet, l'énumération des articles 57 et 58 de la loi de 1867 n'est pas limitative, et nous croyons que l'extrait prescrit par l'article 56 doit contenir une mention de toutes les clauses qui dérogent au droit commun et sur lesquelles les tiers ne doivent pas compter, si elles n'ont pas été portées à leur connaissance. Cette clause est excessive, et c'est pour cela qu'on ne la présume pas ; si les statuts disent simplement qu'un intérêt sera payé, on les interprétera en ce sens que l'intérêt sera pris sur les bénéfices avant le calcul de la part réservée au gérant.

5° *De la convocation de l'assemblée générale.*— L'assemblée générale peut toujours être convoquée par le gérant, s'il a quelque difficulté à lui soumettre. La loi consacre le même droit au profit du conseil de surveillance ; en effet, l'article 11 dit : « Le conseil de surveillance peut convoquer l'assemblée générale... » Si quelque conflit s'élève entre le conseil et le gérant, il faut bien que les intéressés soient appelés à décider. L'assemblée étant convoquée, la délibération s'ouvre sur les propositions du conseil de surveillance portées à l'ordre du jour ; dans le silence des statuts, chaque membre de l'assemblée pourrait lui soumettre certaines questions, même sans les avoir fait mettre à l'ordre du jour.

6° *De l'action en dissolution de la société.* — La loi de 1856 (art. 9) donnait purement et simplement au conseil de surveillance le « pouvoir de provoquer la dissolution de la société. » Ce texte n'était pas parfaitement clair ; entendait-il donner à l'assemblée, convoquée par le conseil, le droit de prononcer la dissolution sans recourir à la justice, ou bien ne faisait-il que consacrer pour le conseil le droit de provoquer une décision de l'assemblée ? D'un autre côté, le conseil de surveillance pouvait-il agir sans consulter l'assemblée générale des actionnaires ? Ces questions étaient diversement résolues.

La loi de 1867 fait cesser tous les doutes : l'assemblée générale ne peut prononcer *de plano* la dissolution, à moins que les statuts ne lui aient conféré expressément ce droit ; elle ne le peut pas, car elle ne représente que l'intérêt des commanditaires, et sa décision ne peut faire la loi du gérant. L'article 11 ne permet pas davantage au conseil de surveillance d'agir directement, et de sa propre autorité en justice pour obtenir la dissolution ; il l'autorise à réunir l'assemblée générale, et, *conformément à* son avis, à provoquer la dissolution, c'est-à-dire à la faire prononcer en justice.

Au reste l'article 1871 du Code civil peut toujours recevoir ici son application : les membres du conseil de surveillance ne peuvent se présenter en cette qualité qu'en vertu d'une délibération de l'assemblée ; mais chacun d'eux individuellement, de même que chaque actionnaire, reste le maître de demander à ses risques la dissolution anticipée, malgré l'avis contraire de l'assemblée.

Celle-ci n'a un pouvoir absolu qu'en ce qui concerne les actes d'administration ; lorsqu'il s'agit de modifier les bases du contrat, par exemple de diminuer la durée de la Société, elle ne peut qu'émettre des avis ; car il est de principe qu'un contrat ne peut être changé sans le consentement de toutes les parties. Toutefois, si les statuts donnaient à l'assemblée le pouvoir de prendre une décision souveraine sur les choses mêmes qui ne rentrent pas dans

l'administration, ils devraient être respectés ;
dans ce cas, l'assemblée délibérerait en vertu
des statuts, et ne ferait qu'exécuter le contrat,
au lieu de le modifier.

Les règles de la loi de 1856, sur la responsabilité des conseils de surveillance, étaient
vagues et incomplètes, et prêtaient à des inter-
prétations différentes. Cependant, d'après l'opinion
qui semblait prévaloir, les membres des conseils
de surveillance étaient soumis à une double
responsabilité, résultant du droit commun et de
la loi spéciale. La loi du 24 juillet 1867 est
venue consacrer définitivement cette doctrine :
les articles 8 et 9 s'occupent de la responsabilité qu'ils encourent, soit à raison de
l'annulation de la société, soit à raison de la
négligence qu'ils apportent dans l'exécution de
leur mandat.

Nous savons que, aussitôt après la constitution
de la société, l'assemblée générale doit nommer
un conseil de surveillance, et que ce conseil doit
vérifier immédiatement si toutes les conditions
exigées par la loi ont été remplies (art. 6). L'article 8 contient la sanction de cette obligation :
Lorsque la société est annulée comme constituée
en dehors des conditions prescrites par les articles
1 à 5 « les membres du *premier* conseil de surveillance *peuvent* être déclarés responsables, avec

le gérant, du dommage résultant pour la société ou pour les tiers de l'annulation de la société. » D'après la loi de 1856, la responsabilité dont il s'agit atteignait les membres des conseils de surveillance successifs, à l'égard du moins des opérations postérieures à leur nomination ; de plus, il y avait solidarité entre le gérant et le conseil de surveillance. La loi nouvelle a corrigé ce que cette disposition avait d'excessif : elle supprime la solidarité et restreint la responsabilité au dommage causé ; enfin, par une conséquence logique et équitable, elle n'applique cette responsabilité qu'au *premier* conseil de surveillance. Rien n'est plus juste : c'est à ce conseil que la loi confie le soin de veiller à l'accomplissement des formalités qu'elle prescrit ; c'est à lui qu'elle impose le devoir de signaler les irrégularités qui auraient pu se produire, et d'arrêter dès le début la marche d'une société dont la constitution est entachée de nullité. Quant aux autres conseils de surveillance, ils ne doivent pas être responsables, car ils sont autorisés à croire, par cela même que la société vit et fonctionne, que les conditions de sa vie légale ont été complètement observées.

Les principes généraux du Code civil suffiraient pour déclarer les conseils de surveillance responsables de leurs fautes (art. 1382, 1850 et 1992).

La loi a pourtant eu raison de s'expliquer comme elle l'a fait ; depuis 1856, les membres des conseils de surveillance répudiaient le titre de mandataires : ils se prétendaient investis d'une fonction publique, régie par la loi spéciale et excluant l'application du droit commun. C'est pour écarter cette prétention que notre article 8 a été inséré dans la loi.

Cet article 8 ne peut être appliqué que si la société a été annulée : tant que la nullité n'en a été ni prononcée, ni demandée, la responsabilité qu'il édicte n'est pas encourue. Elle l'est, au contraire, lorsque la société a été annulée, même pour une cause autre que celle sur laquelle repose l'action en responsabilité.

Du reste, la société étant annulée, le conseil de surveillance n'est pas nécessairement déclaré responsable ; c'est aux tribunaux que le législateur laisse le soin d'apprécier, suivant les circonstances, s'il doit l'être et dans quelle mesure. Et d'abord, la responsabilité suppose qu'un dommage est résulté de l'annulation de la société ; l'intérêt du demandeur est toujours nécessaire pour que son action soit recevable. En conséquence, si la ruine de la société ne résulte pas de l'inaccomplissement des formalités légales, mais résulte d'autres circonstances, telles que les dilapidations du gérant, l'action en responsabilité n'est pas recevable. Elle ne l'est pas non plus lorsqu'elle est intentée par un actionnaire qui lui-même est en faute, comme celui qui a stipulé que ses actions seraient payées en travaux, sans faire approuver son apport par l'assemblée générale ; celui qui, dans ce cas, aurait été condamné au paiement en espèces des actions par lui souscrites ne pourrait faire supporter au conseil de surveillance aucune partie de la condamnation (Rej., 6 août 1862).

L'article 8 ayant laissé aux tribunaux un large pouvoir d'appréciation, il faut en conclure que la responsabilité pourra être admise plus ou moins sévèrement, suivant les cas ; on recherchera en fait si tout le dommage dont se plaint le demandeur provient bien de l'annulation de la société, et de la négligence du conseil de surveillance ; on examinera si ce conseil a participé à la fraude du gérant, s'il l'a connue sans y prendre une part active, ou si, étant de bonne foi, il a simplement omis les vérifications que la loi lui imposait. On pourra même prononcer des condamnations diverses contre chacun des membres du conseil, car les uns peuvent être de bonne foi, tandis que les autres sont coupables de dol. La loi de 1867 n'admet plus le principe de la solidarité entre les membres du conseil et le gérant ;

chacun est tenu à raison de ses fautes personnelles (art. 9).

Enfin, en cas de condamnation, les membres
du conseil de surveillance ont un recours contre
le gérant : c'est celui-ci qui doit remplir les formalités prescrites, c'est lui surtout qui est en
faute. La responsabilité des membres du conseil
est une garantie pour les tiers, mais elle n'em-
pêche pas le recours contre le gérant, qui, en
définitive, est l'auteur principal des irrégularités
pour lesquelles la société est annulée.

Aux termes de l'article 8, ce n'est pas seulement les membres du conseil de surveillance
qui sont responsables du préjudice résultant pour
les tiers ou pour les actionnaires de la nullité
de la Société ; « la même responsabilité *peut*
être prononcée contre ceux des associés dont
les apports ou les avantages n'auraient pas été
vérifiés et approuvés conformément à l'article 4
ci-dessus. » La loi de 1856 prononçait la
responsabilité contre les fondateurs qui font un
apport en nature, ou qui stipulent des avantages
particuliers. La loi nouvelle a raison de ne pas
distinguer les fondateurs des autres associés, et
de faire dépendre la responsabilité de cette circonstance que l'apport n'aura pas été vérifié,
ou les avantages approuvés.

Remarquons que les associés dont il s'agit

n'auraient, à la différence des membres du conseil de surveillance, aucun recours à exercer contre le gérant. Ils sont coupables de ne pas avoir réclamé une délibération de l'assemblée générale ; si quelque dommage est causé par leur faute, ils doivent le supporter, et le supporter définitivement.

Occupons-nous maintenant de la responsabilité générale que les membres du conseil de surveillance peuvent encourir après que la Société a été régulièrement constituée.

D'abord, il importe de ne pas se méprendre sur le sens de cette disposition de l'article 9 : « Les membres du conseil de surveillance n'encourent aucune responsabilité en raison des actes de la gestion et de leurs résultats. » Cette disposition ne signifie pas que les membres du conseil, qui se seront immiscés dans la gestion, ne seront pas soumis, comme les autres actionnaires, aux règles des articles 27 et 28 du Code de commerce. Ce que veut la loi nouvelle, c'est que les fonctions de membre du conseil puissent être acceptées sans crainte par celui qui compte les remplir honnêtement ; elle déclare simplement que, si la surveillance a été sincèrement et sérieusement exercée, les membres du conseil ne peuvent être poursuivis à raison des actes du gérant qui auraient mal réussi.

D'ailleurs il faut se rappeler que , comme nous l'avons dit au chapitre ii, les actes d'immixtion sont ceux seulement qui mettent le commanditaire en rapport avec les tiers. Par suite, le conseil de surveillance peut , sans encourir la peine de l'immixtion , remplacer provisoirement le gérant démissionnaire ou révoqué par un autre gérant, qui, traitant seul avec les tiers, sera seul aussi responsable personnellement et *in infinitum*. Dès que les membres du conseil s'abstiennent de tout acte de gestion proprement dite, ils peuvent invoquer l'article 9 ; ils ne répondent que de leurs fautes.

La loi de 1856 déclarait responsable, solidairement avec le gérant , tout membre du conseil qui a laissé commettre *sciemment* dans les inventaires des inexactitudes graves , préjudiciables à la société ou aux tiers, ainsi que celui qui a , *en connaissance de cause*, consenti à la distribution de dividendes non justifiés par des inventaires sincères et réguliers. Cette loi, prise à la lettre, contenait une faveur exceptionnelle, et plusieurs arrêts avaient refusé d'appliquer la responsabilité des conseils de surveillance, en exigeant rigoureusement la preuve qu'ils avaient agi *sciemment, en connaissance de cause.*

La commission du Corps législatif, en 1867, ayant voulu faire cesser toute incertitude, proposa

de supprimer les mots *sciemment*, *en connaissance de cause.* Le Conseil d'État ayant repoussé
la rédaction proposée qui aggravait, à ses yeux,
la position des membres du conseil de surveillance, une transaction intervint : on convint de
ne plus exiger la preuve que les membres du
conseil avaient agi sciemment ; mais, en re-
vanche, on supprima la solidarité que le projet
primitif avait maintenue entre eux et le gérant.
Cette nouvelle disposition de la loi de 1867
est, au fond, avantageuse pour les tiers ; car,
s'ils n'ont pas la garantie résultant de la solidarité, ils peuvent du moins obtenir plus facilement une juste réparation, puisqu'il leur suffit de
prouver la faute du défendeur pour obtenir gain
de cause.

La responsabilité de l'article 9, comme celle
de l'article 8, suppose l'existence d'une faute,
et d'un préjudice ; les Tribunaux reconnaîtront
facilement s'il y a ou non préjudice causé ; la
question de faute sera plus incertaine et plus
délicate, elle devra être résolue par les circonstances. Mais pour l'article 9, si la faute
est reconnue et le dommage constaté, la responsabilité n'est pas facultative ; les Tribunaux *doivent*
la prononcer, sauf à en déterminer l'étendue
d'après les faits sur lesquels s'appuie le demandeur.

La loi de 1867, comme celle de 1856, se borne à poser le principe de la responsabilité sans en déterminer l'étendue : il convient dès lors, conformément à l'équité, de proportionner la condamnation à la faute commise et aux pertes qui en ont été la conséquence. Il faut donc apprécier la responsabilité avec justice et modération : si les membres du conseil ont accompli leur mission avec soin et loyalement, ils n'ont rien à craindre; s'ils ont une faute à se reprocher, l'équité veut qu'ils la réparent, mais elle exige aussi qu'on ne leur demande rien au-delà de cette réparation.

Terminons par une observation commune aux articles 8 et 9 : aucune règle spéciale n'étant établie quant à la durée de l'action en responsabilité, qui peut être intentée soit contre les membres du conseil de surveillance, soit contre les associés qui ont négligé de faire vérifier leur apport ou approuver leurs avantages particuliers par l'assemblée générale, cette action dure trente ans en principe. Mais une fois la société dissoute, il faut lui appliquer la prescription quinquennale créée par l'article 64 du Code de commerce, en faveur des associés non liquidateurs, en tenant compte de ce que cette prescription n'a pas lieu entre associés.

§ 5.

SANCTIONS CIVILES ET PÉNALES DE LA LOI DU 24 JUILLET 1867.

1° *Sanctions civiles.* — Nous venons d'étudier l'une des sanctions civiles de la loi de 1867, celle qui consiste dans la responsabilité de certaines personnes, soit dans le cas où la société ne s'est pas constituée régulièrement (art. 8), soit dans celui où les membres du conseil de surveillance n'ont pas rempli loyalement et avec soin la mission qui leur est confiée (art. 9).

L'article 7 établit une autre sanction fort grave. Il est ainsi conçu : « Est nulle et de nul effet, à l'égard des intéressés, toute société en commandite par actions constituée contrairement aux prescriptions des articles 1, 2, 3, 4 et 5 de la présente loi. »

« Cette nullité ne peut être opposée aux tiers par les associés. »

Ainsi, si le capital n'a pas été souscrit intégralement, si le quart du montant de chaque action n'a pas été versé, si le gérant n'a pas déclaré dans un acte notarié que ces conditions ont été remplies, si l'estimation des apports et

l'approbation des avantages particuliers n'ont pas
été soumises à l'assemblée générale, si celle-ci
n'a pas été réunie deux fois, si la seconde
réunion n'a pas été précédée de l'impression du
rapport dans le délai prescrit par l'article 4, si
les conditions de vote exigées par cet article
n'ont pas été remplies, la société est nulle. Elle
l'est encore si le taux des actions se trouve inférieur au minimum de l'article 1er, si les statuts
permettent de les négocier avant le versement
du quart, ou de leur donner la forme au porteur
avant le versement de la moitié, enfin si un
conseil de surveillance n'a pas été nommé aussitôt
après la constitution de la société, conformément
à l'article 5.

Cette nullité peut être demandée par toute
personne intéressée, par les actionnaires aussi
bien que par les créanciers de la société; elle
peut l'être même par le gérant, sauf à lui à
subir la responsabilité de ses actes. Tout associé
peut donc la faire prononcer et l'opposer à ses
coassociés; l'un des gérants a le droit de l'opposer à son cogérant; à plus forte raison, les
tiers peuvent s'en prévaloir contre les associés.
Mais, à l'inverse, ceux-ci ne peuvent opposer la
nullité aux tiers, car ils sont coupables et les
tiers ne le sont pas.

D'ailleurs, la nullité est une nullité d'ordre

public, car les prescriptions de la loi reposent
sur un motif tiré de l'intérêt général ; concluons-
en qu'elle ne peut être couverte par une ratification résultant, par exemple, de l'exécution du
contrat : cette exécution ne pourrait être opposée
comme une fin de non recevoir à l'action en
nullité, qui est établie à la fois dans l'intérêt des
associés et dans l'intérêt des tiers.

Ajoutons que la société étant dissoute, la nullité
peut être demandée ; en effet, si la société est
en perte, sa dissolution n'exonérera pas les actionnaires de la part proportionnelle qui leur
incombe dans la perte : la nullité de la société
produirait seule cet effet. Dès lors, la poursuite
de cette nullité est d'un intérêt incontestable, et
cet intérêt motive suffisamment l'action. La Cour
de Cassation l'a d'ailleurs jugé ainsi dans un
arrêt du 3 juin 1862, et comme aujourd'hui les
principes sont ce qu'ils étaient sous la loi de
1856, la doctrine de la Cour de Cassation s'im-
poserait aux tribunaux.

Enfin, nous croyons que l'article 2262 est applicable à l'action en nullité : cette action est
prescriptible comme toutes les actions ; mais
l'est-elle par dix ans, conformément à l'article
1304, ou par trente ans, conformément à l'article 2262 du Code civil ? La prescription dé-
cennale de l'article 1304 n'a d'autre fondement

que la présomption d'une ratification, qu'une
exécution et un silence continués pendant dix ans
font supposer. Or, ici, le vice qui opère la nullité n'est susceptible d'aucune ratification, la
renonciation *expresse* à s'en prévaloir ne pourrait
être opposée à une poursuite ultérieure, il ne
pourrait donc en être autrement de la renonciation *tacite*, s'induisant d'une exécution plus ou
moins prolongée, mais qui n'a pas atteint ni dé-
passé trente ans. La nullité, édictée par notre
article 7, est d'ordre public, et elle n'est couverte
que par la prescription qui éteint tous les droits,
toutes les actions, c'est-à-dire par la prescription
de trente ans.

2° *Sanctions pénales.* — Les articles 13, 14
et 15 prévoient et punissent un certain nombre
de faits, dont les uns étaient déjà réprimés par la
loi de 1856, tandis que les autres ont été intro-
duits pour la première fois dans la loi nouvelle.
L'article 463 du Code pénal, relatif aux circonstances atténuantes, est applicable à tous les délits
dont il s'agit (art. 16, loi de 1867).

Avant d'entrer dans le détail des faits prévus
par les articles 13, 14 et 15, nous devons signaler
une disposition qui a été insérée dans la loi, pour
faire cesser une controverse qui s'était élevée au
sujet de la responsabilité des conseils de surveil-

lance. Sous l'empire de la loi de 1856, on avait
fini par admettre que les membres du conseil de
surveillance étaient civilement responsables des
délits du gérant et qu'ils pouvaient être cités
devant la juridiction correctionnelle, alors même
qu'ils n'étaient point complices de ces délits. Cette
solution a paru trop rigoureuse au législateur de
1867 ; nous avons vu déjà que, d'après l'article 9,
chaque membre du conseil de surveillance ne
répond que de ses fautes personnelles ; pour faire
cesser toute incertitude, l'article 15 décide formellement que « les membres du conseil de
surveillance ne sont pas civilement responsables
des délits commis par le gérant. » D'ailleurs,
leur responsabilité civile n'a pas de raison d'être ;
ils n'ont aucune action contre le gérant pour
l'empêcher de commettre des délits ; et dès lors,
la base de la responsabilité civile fait défaut (art.
1384, C. civ.). D'ailleurs, le rapport de la commission a eu soin d'excepter le cas de complicité ;
si un membre du conseil de surveillance est com-
plice des délits du gérant ou si lui-même commet
un délit, il sera certainement passible de la juridiction correctionnelle.

L'article 13 prévoit trois faits : l'émission irrégulière d'actions, le fait de commencer préma-
turément les opérations sociales , l'altération
frauduleuse de la majorité dans les assemblées

générales. Ce dernier fait n'était pas puni par la loi de 1856, mais celle du 23 mai 1863 l'avait déjà réprimé : il est aujourd'hui puni d'une amende de 500 à 10,000 francs, et les tribunaux peuvent, en outre, prononcer un emprisonnement de quinze jours à six mois. Quant aux deux premiers faits, la loi se borne à les punir d'une amende de 500 à 10,000 francs ; elle ne laisse pas, comme la loi de 1856, aux juges la faculté d'y joindre la peine de l'emprisonnement.

Le premier fait est « l'émission d'actions ou de coupons d'actions d'une société constituée contrairement aux prescriptions des articles 1, 2 et 3. » L'émission consiste dans la remise à chaque souscripteur du titre représentant sa part d'intérêt. Elle entraîne, soit contre le gérant, soit contre le banquier par l'intermédiaire de qui elle a lieu, les peines portées par l'article 13, si elle est faite en dehors des conditions prescrites par les articles 1, 2 et 3.

Il ne faut pas considérer comme une émission irrégulière d'actions la remise faite, au moment de la souscription, à chaque souscripteur d'un récépissé constatant le nombre de titres sur lesquels il a opéré le premier versement : ce n'est pas là un titre de propriété négociable, car il peut se faire qu'une réduction plus ou moins forte soit opérée sur les souscriptions, et d'ailleurs il faut bien que l'obligation réciproque du souscripteur et de la Société soit constatée par écrit.

« Le gérant qui commence les opérations sociales avant *l'entrée en fonctions* du conseil de surveillance » est passible de la même amende de 500 à 10,000 francs. Ces termes de l'article 13 diffèrent un peu de ceux de l'article 5, qui exige que la *nomination* du conseil ait lieu avant toute opération sociale. Toutefois, le but de la loi est évident : elle veut que le conseil de surveillance soit nommé, que ses membres aient accepté leurs fonctions, et soient en mesure de les exercer, avant qu'aucune opération sociale soit commencée; si le gérant engage la société, avant que la surveillance imposée par la loi soit organisée, la société est nulle (art. 7) et le gérant est punissable (art. 13).

Enfin, l'article 13 punit « ceux qui, en se présentant comme propriétaires d'actions ou de coupons d'actions qui ne leur appartiennent pas, ont créé *frauduleusement* une majorité factice dans une assemblée générale », et « ceux qui ont remis les actions pour en faire l'usage frauduleux. » Le délit qui nous occupe suppose le concours de deux circonstances; il n'existe que si, par fraude, on est arrivé à émettre dans une assemblée des votes qui n'auraient pas dû se

produire, et si, d'autre part, une majorité factice a été créée à l'aide de ces votes. Le fait de
se présenter avec des actions appartenant à un
autre ne constitue pas le délit : les actionnaires
peuvent, en effet, se faire représenter à l'assemblée
générale par un tiers, à moins que les statuts
ne s'y opposent.

La première condition du délit, c'est la fraude.
Elle a lieu lorsque de faux actionnaires viennent
voter dans les assemblées, par exemple en se
présentant comme propriétaires d'actions déposées
dans la caisse sociale, et tirées frauduleusement
de cette caisse par le gérant qui les leur a remises.
Elle a lieu encore lorsque de vrais actionnaires
prennent part au vote sans en avoir le droit : il
arrive souvent que les statuts exigent un certain
nombre d'actions pour donner le droit de vote,
ou fixent un maximum de voix pour chaque actionnaire ; alors, ceux qui réunissent leurs actions
afin d'atteindre le chiffre nécessaire pour voter,
et ceux qui, ayant un nombre considérable d'actions, les répartissent entre plusieurs afin d'avoir
plus de voix que les statuts ne leur en accordent,
commettent la fraude que l'article 13 a voulu
punir et empêcher.

Du reste, comme nous l'avons dit, la fraude
ne suffit pas ; l'article 13 n'est applicable que si
elle a abouti, c'est-à-dire si elle a servi à créer

une majorité *factice* au sein de l'assemblée générale. Peu importe donc que la majorité ait été rendue plus considérable au moyen de manœuvres frauduleuses ; le délit n'existe qu'autant que ces manœuvres ont créé une majorité qui n'aurait pas existé sans elles, et c'est aux juges correctionnels qu'il appartient d'apprécier le caractère factice ou sincère de la majorité, lorsqu'ils sont appelés à faire l'application de la peine.

Ajoutons que l'article 13 dit formellement que la peine qu'il porte est applicable, « sans préjudice de tous dommages et intérêts, s'il y a lieu, envers la société ou envers les tiers. »

L'article 14 suppose que des actions ou coupons d'actions ont été négociés irrégulièrement, c'est-à-dire alors que leur taux était inférieur au minimum fixé par la loi, ou que la forme au porteur avait remplacé la forme nominative, avant l'accomplissement des formalités prescrites par l'article 3, ou enfin que le versement du quart n'avait pas été fait. Et il punit cette négociation illicite d'une amende de cinq cents à dix mille francs. Il ne s'agit, remarquons-le bien, que de la *négociation*, c'est-à-dire de la transmission par les modes commerciaux des actions ou coupons d'actions. La *cession* des actions, d'après les règles du droit civil, est toujours licite.

La même peine (l'amende de cinq cents à dix

mille francs) est étendue par l'article 14 à « toute participation à ces négociations, et toute publication de la valeur desdites actions. » Il résulte de là que la peine peut atteindre le cessionnaire aussi bien que le cédant des actions négociées irrégulièrement ; elle atteint même les banquiers ou les agents de change qui ont servi d'intermédiaires à la transmission. Elle atteint, en dernier lieu, tous ceux qui ont publié, au moyen de prospectus, d'annonces dans les journaux, ou autrement, la valeur des actions dont la négociation ne pouvait avoir lieu régulièrement. Cette peine, ainsi étendue, peut paraître sévère, mais elle n'est encourue qu'en cas de mauvaise foi, et le rapport de la commission législative le dit absolument, « désormais les magistrats pourront faire à la bonne foi sa part et n'atteindre que la fraude. » Si l'intention frauduleuse résulte toujours de la qualité de fondateur ou de gérant, qui rend l'erreur inexcusable, on peut au contraire présumer raisonnablement la bonne foi des simples intermédiaires des négociations, et ne les condamner que s'il est prouvé qu'ils ont agi sciemment et en connaissance de cause.

Les faits constitutifs du délit d'escroquerie qui peuvent se produire dans une société en commandite donnent lieu à l'application des peines portées par l'article 405 du Code pénal. L'article 15 de la loi de 1867 étend ces peines (une amende de cinquante à trois mille francs, et un emprisonnement d'un an à cinq ans) à trois ordres de faits, dont la gravité justifie la sévérité du législateur.

1° Elle punit « ceux qui, par simulation de souscriptions ou de versements, ou par publication, faite de mauvaise foi, de souscriptions ou de versements qui n'existent pas, ou de tous autres faits faux, ont obtenu ou tenté d'obtenir des souscriptions ou des versements. » Le délit consiste ici, d'une part, dans l'obtention ou la tentative d'obtention de souscriptions ou de versements ; et, d'autre part, dans les manœuvres employées pour arriver à ce but. La loi indique deux sortes de manœuvres : le mensonge accompagné de fausses listes de souscriptions ou de versements, et la publication par une voie quelconque de souscriptions, ou de versements imaginaires ; mais elle n'exclut pas les autres : la publication de faits faux quelconques faite de mauvaise foi pour obtenir des versements ou des souscriptions serait réprimée par notre article.

2° L'article 15 ne se contente pas de punir les manœuvres dirigées contre des personnes déterminées : il atteint celles qui seraient employées contre le public en général pour provoquer des souscriptions ou des versements. La

peine de l'escroquerie s'applique à « ceux qui,
pour provoquer des souscriptions ou des versements, ont, de mauvaise foi, publié les noms de
personnes désignées, contrairement à la vérité,
comme-étant ou devant être attachées à la société à un titre quelconque. »

3° Nous avons vu que le conseil de surveillance doit s'opposer à la distribution de dividendes fictifs ; l'article 15, pour assurer la réalité
des dividendes d'une manière plus efficace, prononce la peine de l'escroquerie contre « les gérants qui, en l'absence d'inventaire, ou au moyen
d'inventaires frauduleux, ont opéré entre les
actionnaires la répartition de dividendes fictifs. »
Ainsi, la peine n'est encourue que si le gérant
n'a pas fait d'inventaire, ou si l'inventaire dressé
par lui est frauduleux. On conçoit que de simples irrégularités puissent engager la responsabilité du gérant; mais lorsqu'il s'agit de le
punir sévèrement, de lui appliquer les peines de
l'escroquerie, le législateur a pensé fort sagement
qu'il convenait d'exiger une fraude évidente et
prouvée.

Terminons ce paragraphe 5 par une remarque :
la loi de 1856 ne permettait pas d'appliquer l'article 463 du Code pénal à tous les faits qu'elle
punissait ; de là était née la question de savoir
si ces faits étaient tous des délits, ou si certains

d'entre eux constituaient de simples contraven-
tions. Le doute n'est plus possible aujourd'hui ;
en admettant que des circonstances atténuantes
pourraient toujours faire adoucir les peines portées par les articles 13, 14 et 15, le législateur
de 1867 a clairement montré l'intention de faire
de tous les faits qu'il punit de véritables délits ;
de là, cette conséquence fort importante : le
cumul des peines n'est pas possible, dans le
cas où plusieurs délits seraient commis par la
même personne, une seule peine serait prononcée, conformément à l'article 365 du Code
d'instruction criminelle.

§ 6.

DE L'ACTION COLLECTIVE DES ACTIONNAIRES CONTRE LE
GÉRANT OU CONTRE LE CONSEIL DE SURVEILLANCE.

L'application pure et simple du principe : *Nul
ne plaide en France par procureur*, aurait de
graves inconvénients en ce qui touche les commandites, qui réunissent de nombreux actionnaires ; l'article 17 évite ces inconvénients en
permettant à « des actionnaires représentant un
vingtième au moins du capital social » de charger
dans un intérêt commun, « à leurs frais, un ou

plusieurs mandataires, de soutenir, tant en demandant qu'en défendant, une action contre les gérants ou contre les membres du conseil de surveillance, et de les représenter en ce cas en justice, sans préjudice de l'action que chaque actionnaire peut intenter individuellement en son nom personnel. »

Cette disposition a l'avantage de rendre la procédure plus simple et plus économique; elle est empruntée à la loi de 1856, qu'elle ne reproduit pas toutefois sans modifications. La majorité des actionnaires peut, en assemblée générale, désigner des mandataires pour la représenter en justice. Le même droit existe au profit de la minorité ; des actionnaires peu nombreux peuvent également se faire représenter en justice, mais à une double condition : la loi veut qu'ils représentent un vingtième au moins du capital social, et qu'ils supportent les frais du procès. Quand l'assemblée générale nomme des mandataires pour la représenter, quand elle ordonne une poursuite judiciaire, on conçoit qu'elle puisse décider que les frais du procès seront portés au compte d'administration ; on ne pouvait donner sans injustice le même droit à la minorité : celle-ci a la faculté de plaider par procureur, si elle représente un vingtième du capital, mais alors elle plaide à ses frais et à ses risques ; car il ne serait pas équitable de lui permettre d'imposer sa volonté à la majorité qui ne partage pas son avis.

Du reste, cela posé, la loi laisse entière la liberté des conventions : les actionnaires qui ont un procès à soutenir peuvent choisir un ou plusieurs mandataires, les prendre parmi eux ou en dehors de la société, leur donner des pouvoirs plus ou moins étendus à leur gré. Les mandataires nommés doivent respecter la convention intervenue entre eux et les associés qui les ont choisis : ils sont soumis entièrement au droit commun.

Mais comment peut s'exercer le droit accordé par l'article 17, et comment nomme-t-on les mandataires *ad litem*? Celui qui croit que l'intérêt social exige qu'une action soit intentée contre le gérant, convoque les actionnaires ; il les convoque comme il l'entend ; c'est à lui de choisir les moyens les plus convenables, car il est intéressé à ce que la convocation aboutisse. De même, la convocation pourrait émaner d'un actionnaire poursuivi par le gérant, et qui croirait l'intérêt des autres associés engagé dans le procès intenté contre lui. L'assemblée étant ainsi réunie par les intéressés, si des actionnaires, représentant le vingtième du capital, se mettent d'accord, ils nomment des commissaires pour les représenter ; sinon l'action collective est impossible, et il ne

reste plus qu'à recourir à l'action individuelle,
que l'article 17 réserve expressément. Du reste,
alors même que certaines fractions de la commandite seraient représentées par des mandataires,
chaque actionnaire conserverait le droit d'intervenir au procès pour son propre compte, à *ses
frais* et à *ses risques*.

§ 7.

DISPOSITIONS TRANSITOIRES.

Il ne nous reste plus qu'à nous occuper des
articles 18 et 19 de la loi du 24 juillet 1867. —
L'article 18, qui ordonne aux sociétés antérieures
à la loi de 1856 de constituer un conseil de
surveillance, ne s'appliquait déjà, en 1867, qu'à
un bien petit nombre de sociétés ; à celles seulement qui, depuis 1856, n'avaient pas nommé
de conseil de surveillance, et assurément elles
étaient peu nombreuses ; car, même avant l'in-
tervention de la loi, en pratique, on nommait
presque toujours des conseils de surveillance,
et le législateur de 1856 n'avait fait que consacrer
cet usage général.

Aujourd'hui, on peut presque dire que cet
article 18 n'a plus de raison d'être appliqué.

L'article 19 traite de la transformation d'une
société en commandite, antérieure à 1867, en
société anonyme. Si les statuts de la société en
commandite, antérieure à 1867, ne s'occupent
pas de cette transformation, il faudra l'accord
unanime des parties, suivant le droit commun ;
mais si les statuts s'en sont occupés, on pouvait
hésiter : fallait-il dire que la transformation aurait
lieu en se conformant aux conditions des statuts ?
Ou fallait-il, au contraire, exiger l'unanimité, en
se fondant sur ce que le régime des sociétés anonymes était gravement modifié, de sorte que la
convention relative à la transformation en société
anonyme autorisée ne serait pas applicable à la
transformation en société anonyme libre ? L'article 19, pour lever tous les doutes, porte que
« les sociétés en commandite par actions,
antérieures à la présente loi, dont les statuts
permettent la transformation en société anonyme
autorisée par le Gouvernement , pourront se
convertir en sociétés anonymes dans les termes
déterminés par le titre II de la présente loi, *en
se conformant aux conditions stipulées dans les
statuts pour la transformation.* »

Quant aux sociétés en commandite, postérieures à la loi de 1867, elles pourront se
transformer en sociétés anonymes, en se conformant aux statuts, si les statuts ont prévu cette

transformation ; s'ils sont muets sur ce point, la transformation sera possible encore, mais il faudra l'unanimité des associés, suivant le droit commun.

———

CHAPITRE IV.

DE LA PUBLICITÉ RELATIVE AUX SOCIÉTÉS EN COMMANDITE.

Nous avons renvoyé à la fin de ce travail les prescriptions relatives à la publicité, parce qu'elles forment l'objet d'un titre spécial. Jusqu'alors la publicité était réglementée par le Code de commerce, et soumise à des règles qui variaient avec la nature des sociétés auxquelles elles s'appliquaient. La loi de 1867 établit un système uniforme de publication des actes de société, et, à côté de cette publicité originaire, elle impose aux sociétés par actions une publicité permanente. L'article 65 abroge expressément les articles 42 et 46 du Code de commerce qui se trouvent remplacés par plusieurs textes que nous allons maintenant expliquer.

§ 1.

PUBLICITÉ ORIGINAIRE.

Nous entendons par publicité originaire celle

qui consiste dans l'accomplissement de certaines formalités qui doivent avoir lieu à l'origine même de la société ; ces formalités sont le dépôt au greffe, et les insertions dans les journaux. Nous employons les mots *publicité originaire* pour distinguer les formalités qui doivent être remplies une fois pour toutes de cette autre publicité qui résulte de certaines mentions insérées dans tous les documents émanés des sociétés par actions. Du reste, les formalités qui constituent ce que nous appelons la publicité originaire sont applicables aux commandites simples, aussi bien qu'aux commandites par actions.

L'article 55 exige le dépôt aux greffes de la justice de paix et du tribunal de commerce du lieu dans lequel est établie la société, de certaines pièces, savoir : 1° un double de l'acte constitutif, s'il est sous seing privé, ou une expédition s'il est notarié ; 2° pour les commandites par actions, une expédition de l'acte notarié, constatant la souscription du capital et le versement du quart ; 3° enfin une copie certifiée des délibérations prises par l'assemblée générale, dans le cas prévu par l'article 4. Il n'est pas nécessaire de joindre à l'acte la liste des souscripteurs et le montant de la mise de chacun d'eux : l'article 55, en exigeant cette annexe pour les sociétés anonymes, ne permet pas de l'imposer aux sociétés en commandite.

Les greffiers du tribunal de commerce et de la justice de paix n'ont pas à vérifier la validité de l'acte ; ils se contentent de l'enregistrer, avec les pièces dont l'article 55 exige le dépôt.

Si la société a plusieurs maisons de commerce situées dans divers arrondissements, le dépôt a lieu dans chacun des arrondissements où existent les maisons de commerce. Mais dans les villes divisées en plusieurs arrondissements, le dépôt est fait seulement au greffe de la justice de paix du principal établissement (art. 59).

Les articles 61 et 63 complètent ce système. Le premier exige le dépôt de « tous actes et délibérations ayant pour objet la modification des statuts, la continuation de la société au-delà du terme fixé pour sa durée, la dissolution avant ce terme et le mode de liquidation, tout changement ou retrait d'associés et tout changement à la raison sociale. » Il prescrit également le dépôt de la délibération en vertu de laquelle une société en commandite se transforme en une société anonyme.

Quant à l'article 63, il permet à toute personne de prendre communication des pièces déposées au greffe relativement à une commandite par actions, ou même de s'en faire délivrer à ses frais une expédition ou un extrait par le greffier ou par le notaire détenteur de la minute. De plus, « toute personne peut également exiger qu'il lui soit délivré, au siége de la société, une copie certifiée des statuts, moyennant paiement d'une somme qui ne pourra excéder 1 franc. » Enfin « les pièces déposées doivent être affichées d'une manière apparente dans les bureaux de la société. »

Cet article 63 ne s'applique qu'aux sociétés par actions, qui sont les seules dont les tiers aient intérêt à connaître les statuts et l'acte constitutif *en entier*, à cause de la cessibilité des actions. Pour les sociétés *par intérêts*, quoique l'article 55 exige le dépôt *in extenso* de leurs actes constitutifs, la seule publicité efficace consistera dans l'extrait inséré dans les journaux, dont nous allons parler ; car, aux termes de notre article 63, les tiers ne peuvent profiter du dépôt des actes constitutifs des sociétés par intérêts.

Remarquons que l'article 55 accorde un délai d'un mois pour effectuer le dépôt qu'il prescrit ; le Code de commerce n'accordait que quinze jours.

La publicité par insertions dans les journaux a pour but de faire connaître l'existence de la société, de répandre le bruit de sa constitution, d'en indiquer les clauses essentielles ; ceux qui veulent connaître l'acte constitutif en entier iront en prendre connaissance aux greffes ou dans les bureaux de la société.

Tous les actes et toutes les délibérations soumis

à la formalité du dépôt doivent être, dans le délai d'un mois, publiées, par *extrait* seulement, « dans l'*un* des journaux désignés pour recevoir les annonces légales » (art. 56). Sous l'empire de l'article 43 du Code de commerce, on se demandait si l'extrait devait être inséré dans *tous* les journaux désignés pour recevoir les annonces légales. La loi nouvelle exige seulement l'insertion dans *un* de ces journaux. Les parties peuvent choisir entre les journaux chargés de recevoir les annonces légales ; un amendement de la commission, qui proposait de désigner un journal unique pour publier les annonces relatives aux sociétés commerciales, a été rejeté par le Corps législatif. Mais, bien entendu, si la société a des établissements commerciaux dans divers arrondissements, la publication a lieu dans chacun de ces arrondissements (art. 59).

Dans tous les cas, il est justifié de l'insertion par un exemplaire du journal certifié par l'imprimeur, légalisé par le maire et enregistré dans les trois mois de sa date (art. 56).

L'article 56 ordonne l'insertion d'un *extrait* de l'acte constitutif et des pièces annexées ; la même formalité est exigée à l'égard des actes et délibérations qui, à cause de leur importance, doivent être déposés aux greffes, aux termes de l'article 61.

La loi ne se borne pas à déterminer les actes dont un extrait doit être publié ; elle règle la forme et le contenu des extraits.

Ainsi, l'article 60 dispose que « l'extrait des actes et pièces déposés est signé, pour les actes publics, par le notaire, et, pour les actes sous seing privé....., par les gérants des sociétés en commandite. »

D'autre part, les énonciations que doit contenir l'extrait de l'acte constitutif sont énumérées dans les articles 57 et 58. Cet extrait doit : 1° indiquer que la société est en commandite simple ou en commandite par actions ; 2° faire connaître les noms des associés *responsables,* la raison sociale et le siége de la société ; 3° désigner les associés autorisés à gérer, administrer et signer pour la société ; 4° énoncer le montant du capital social et le montant des valeurs fournies ou à fournir par les actionnaires ou commanditaires ; 5° indiquer l'époque où la société commence, celle où elle doit finir, et la date du dépôt fait aux greffes de la justice de paix et du tribunal de commerce.

La loi ne s'occupe pas du contenu des extraits des actes ou délibérations qui doivent être annexés à l'acte constitutif, ou déposés conformément à l'article 64 : l'objet spécial de ces actes ou délibérations indique suffisamment ce que l'extrait doit contenir.

Du reste, les dispositions que nous venons d'examiner ne sont pas limitatives ; les extraits doivent mentionner toutes les clauses dérogatoires au droit commun, susceptibles d'être opposées aux tiers.

L'insertion dans les journaux, comme le dépôt aux greffes, doit avoir lieu dans le délai d'un mois ; elle doit suivre le dépôt dont l'extrait indique la date. Le délai d'un mois dont il s'agit n'est pas augmenté en raison des distances ; dans les cas où les publications doivent se faire dans plusieurs arrondissements, aucune prolongation de délai n'est accordée. D'ailleurs ce délai n'est pas fatal : même après son expiration, la société dont la nullité n'est pas demandée peut consolider son existence en se conformant aux prescriptions de la loi. Toutefois, le délai passé, la nullité peut être demandée, et l'accomplissement des formalités légales, après la demande, n'empêcherait pas l'annulation de la société. En un mot, la publication ne pouvant avoir lieu au moment même de la signature du contrat, le législateur donne un délai pour la faire ; dès que le délai est passé, la nullité peut être demandée ; si elle ne l'est pas, la publication tardive régularise suffisamment la position de la société, seulement les tiers, devenus créanciers de la société avant la publication tardive, ne seraient pas victimes des clauses dérogatoires non publiées en temps utile.

Pour les actes qui interviennent au cours de la société (art. 61), le délai d'un mois a pour point de départ la date même de ces actes. Il court, pour les publications prescrites par l'article 59 dans le cas où la société fonde de nouvelles maisons de commerce, à partir de la création de ces établissements nouveaux. Aucune difficulté ne peut s'élever à cet égard.

Mais quel est le point de départ du délai en ce qui touche l'acte constitutif? C'est la date même de cet acte lorsqu'il s'agit d'une commandite simple; et pour les commandites par actions, c'est la nomination du conseil de surveillance, car jusque-là la société n'est pas définitivement constituée (art. 5).

Il nous reste à parler de la sanction des règles que nous venons d'exposer. Ces règles, étant d'ordre public puisqu'elles ont pour but de protéger des tiers, doivent être observées à peine de nullité à l'égard des intéressés ; mais le défaut d'observation d'aucune d'elles ne peut être opposé aux tiers par les associés (art. 56 et 61). Il faut étendre cette décision au cas où aucun acte n'a été rédigé. Du reste, si les associés ne peuvent opposer aux tiers le défaut de publication, ils peuvent se l'opposer réciproquement, et l'exécution de l'acte non publié ne rend pas non-recevable l'action en nullité : cette nullité est d'ordre public et ne peut se couvrir. Seulement entre associés la société n'est déclarée nulle que pour l'avenir : en effet, le simple consentement crée un lien de droit entre les parties, bien que le contrat ne soit opposable aux tiers qu'après l'accomplissement de certaines formalités.

Aux termes de l'article 56, la nullité résultant du défaut de publicité peut être opposée aux associés par les tiers. A ce point de vue il faut considérer comme des tiers les créanciers personnels des associés. Avant 1867, on soutenait l'opinion contraire en remarquant que la publicité ne portait pas à la connaissance du public le montant des apports, de sorte que les créanciers d'un associé, alors même que la publication avait eu lieu, ne savaient pas quels biens étaient sortis du patrimoine de leur débiteur par suite de son entrée dans la société. Aujourd'hui l'objection disparaît : le montant des apports doit figurer dans l'extrait inséré dans les journaux. Dès lors la société non publiée n'est pas opposable aux créanciers des associés : ils concourent alors avec les créanciers sociaux sur les biens qui forment l'apport de leur débiteur, pourvu qu'ils soient munis d'un titre ayant date certaine avant la dissolution de la société.

La nullité n'est pas, d'ailleurs, également la conséquence de toute violation des articles 55 à 63. Elle ne s'applique qu'à l'absence de dépôt, ou de publication dans les journaux, ainsi qu'an dépôt ou à la publication irrégulière.

Bien que l'article 56 semble restreindre la nullité au cas d'inobservation des articles 56 et 57, il faut aussi l'appliquer dans une certaine mesure lorsque les énonciations de l'extrait ne sont pas conformes aux articles 57 et 58. En pareil cas, les tiers sont autorisés à considérer la société telle que l'extrait la leur a fait connaître, les clauses omises ne leur sont pas opposables ; et, comme ce droit des tiers peut changer la situation des associés, ceux-ci peuvent faire annuler la convention toute entière. Ces solutions sont quelque peu arbitraires, mais il faut bien les admettre : la loi de 1867, ayant omis de trancher les questions soulevées sous l'empire du Code de commerce, il faut suppléer à son silence, en s'attachant à l'importance relative des articles du titre IV de la loi de 1867.

L'article 61 renvoie expressément à l'article 56 ; en conséquence, les tiers pourront considérer comme non avenus les actes ou délibérations non publiés au cours de la société ; et, lorsque la publication de ces actes ou délibérations aura été omise, les associés auront le droit de faire annuler la société, parce qu'elle ne peut pas fonctionner utilement sous le coup de la nullité que les tiers peuvent faire prononcer.

§ 2.

PUBLICITÉ PERMANENTE.

Le dépôt au greffe, l'insertion dans les journaux ont lieu dans un délai assez court, soit à partir de la constitution de la société, soit à compter de la date des actes soumis à la publication (art. 64). Ces formalités seraient au moins insuffisantes, si leur but unique était de conserver les actes de société; aussi, nous avons vu que l'article 63 cherche à rendre cette publicité plus efficace, au moyen de certaines mesures qui, pour les sociétés par actions, permettent à toute personne de prendre communication des pièces déposées, ainsi que des statuts.

L'article 64 organise également une publicité permanente spéciale aux sociétés anonymes et en commandite par actions. « Dans tous les actes, factures, annonces, publications et autres documents imprimés ou autographiés, émanés des sociétés anonymes, ou des sociétés en commandite par actions, la dénomination sociale doit toujours être précédée ou suivie immédiatement de ces mots, écrits lisiblement en toutes lettres : société anonyme ou société en commandite par actions, et de l'énonciation du montant du capital social. »

Cet article 64 ne s'applique qu'aux documents *imprimés* ou *autographiés* ; le législateur n'a songé qu'aux sociétés qui ont recours à l'imprimerie ou à l'autographie ; celles dont les actes sont manuscrits échappent à la publicité permanente, car on ne peut étendre une peine par voie d'analogie.

L'omission de la double mention prescrite par l'article 64, lorsqu'elle se produit dans un acte imprimé ou autographié, est punie d'une amende de 50 à 1,000 francs. Si l'on s'en tient au texte, il faut prononcer l'amende pour *toute* contravention à l'article 64, de sorte que la peine pourrait atteindre des proportions considérables. L'esprit de la loi n'exige pas qu'on aille jusque-là : il nous semble qu'une seule amende suffirait pour chaque espèce de contravention ; ainsi, en supposant que les factures fussent imprimées en contravention à l'article 64, la société ne payerait pas autant d'amendes qu'elle a émis de factures, mais bien une seule amende de 50 à 1,000 francs.

TABLE DES MATIÈRES.

DE LA SOCIÉTÉ EN COMMANDITE

Caen, Typ. F. Le Blanc-Hardel.

www.ingramcontent.com/pod-product-compliance
Ingram Content Group UK Ltd.
Pitfield, Milton Keynes, MK11 3LW, UK
UKHW022230120726
13694UKWH00002B/784